Richard W. Gassen

Mittelalterliche Kirchen in KÖLN

Architektur | Kunst | Geschichte

MICHAEL IMHOF VERLAG

Bildnachweis

© DBA Köln, A. Wolff (S. 17 r.; S. 18 l. o. und r. o.; S. 19)
© DBA Köln, Matz und Schenk (S. 22 l.)
© DBA Köln (S. 24 l.)
DBA Köln (S. 21 o. und u.; S. 30 l. o., r. o., u.; S. 31; S. 32 l. und r.; S. 33 l., Mitte, r.; S. 34 o. und u.; S. 35 o. und Mitte; S. 36 o. l., Mitte, u. l.; S. 37 o. und Mitte)
Rheinisches Bildarchiv Köln (S. 10, 13, 68 r. und l.)
© VG Bild-Kunst, Bonn 2010 (S. 105 u. r.)
© Georg-Meistermann-Nachlassverwaltung, Dr. J. M. Calleen/VG Bild-Kunst, Bonn 2010 (S. 85)
© Zabalaga-Leku/VG Bild-Kunst, Bonn 2010 (S. 164 u. l.)
Historische Fotos, Michael Imhof Verlag (S. 17 l.; S. 42 r. o.; S. 56 r. o.; S. 64 r. o.; S. 70 r. o.; S. 78 r. o.; S. 106 r. u.; S. 118 r. o.; S. 132 r. o.; S. 140 r. o.; S. 150 r. u.; S. 154 r. o.; S. 166 r. o.; S. 176 r. o.)

Alle übrigen Fotos stammen von Richard W. Gassen.

Abbildungen auf dem Umschlag:
Vorderseite: Groß St. Martin und Dom
Rückseite (von oben nach unten):
St. Maria im Kapitol, Trikonchos
St. Gereon, Dekagon
St. Pantaleon, Langhaus nach Osten
St. Amandus in Köln-Rheinkassel

**Richard W. Gassen: Mittelalterliche Kirchen in Köln,
Michael Imhof Verlag, Petersberg 2010**

Stettiner Str. 25, D-36100 Petersberg
Tel. 0661/96 28 28 6; Fax 0661/6 36 86
www.imhof-verlag.de

Gestaltung und Reproduktion: Michael Imhof Verlag
Druck: B.O.S.S Druck und Medien GmbH, Goch

Printed in EU

ISBN 978-3-86568-539-1

INHALT

Vorwort

Anton Woensam, Stadtansicht von Köln, 1531, Holzschnitt, 59,2 x 352,6 cm (Ausschnitt)

Schon lange hält sich das Bonmot, dass Köln einst so viele Kirchen hatte wie das Jahr Tage. Diese Behauptung wurde erstmals in dem 1561 entstandenen Reisebericht des Fulvio Ruggieri, Sekretär des apostolischen Nuntius Commendone, aufgestellt und ein halbes Jahrhundert später von dem englischen Reisenden und Schriftsteller Thomas Coryate wieder aufgegriffen. In der Tat besaß Köln – wie anhand einer jüngeren Quellenüberprüfung nachgewiesen – insgesamt 319 Kirchen aus den Epochen von Romanik und Gotik, die sich im alten Stadtgebiet, dem heutigen Innenstadtbereich, zusammendrängten. Die meisten von ihnen wurden in der Folge der Säkularisation zu Beginn des 19. Jahrhunderts aufgelassen bzw. niedergerissen, sodass sich nur noch knapp zwei Dutzend der mittelalterlichen Gotteshäuser bis auf den heutigen Tag erhalten konnten.

Deren größtes und zweifellos großartigstes ist der weltberühmte Dom, mit dessen Baubeginn Mitte des 13. Jahrhunderts die Kathedralgotik im Deutschen Reich Einzug hielt. Nur ein Jahr vor der 1248 erfolgten Grundsteinlegung der hohen Domkirche wurde mit St. Kunibert die letzte der großen Stiftskirchen aus der salisch-staufischen Ära geweiht; sie ist zugleich die jüngste der zwölf romanischen Kirchen, die alle zwischen 1150 und 1250 – dem großen Jahrhundert Kölner Sakralbaukunst – errichtet bzw. vollendet wurden. Dass sich dieses weltweit einzigartige Kirchenensemble in seiner nahezu ursprünglichen Gestalt bis auf den heutigen Tag erhalten hat, ist vor allem den einzigartigen Wiederaufbauleistungen nach dem Zweiten Weltkrieg zu verdanken. Von diesen profitierten ebenfalls die drei hoch- und spätmittelalterlichen

Klosterkirchen der Antoniter, der Kartäuser und der Minoriten, die sich durch ihre architektonische Klarheit und dekorative Schlichtheit auszeichnen. Ein Gotteshaus – Alt St. Alban – beließ man auch als (mahnende) Ruine, während andere, wie St. Kolumba oder St. Johann Baptist, in einen neuen architektonischen Kontext eingebunden wurden.

Doch neben den weithin bekannten Innenstadtkirchen konnten sich in Köln noch weitere 13 mittelalterliche Sakralbauten durchweg romanischen Ursprungs in den Stadtteilen und Vororten erhalten, die, einst weit vor den Toren der Domstadt gelegen und in kleineren Dimensionen gehalten, für den Kulturreisenden echte Entdeckungen sein können. Auch ihnen eignet eine beeindruckende architektonische und stilistische Bandbreite, die vom kleinen Saalbau der Nikolauskapelle in Porz-Westhoven bis zur dreischiffigen Gewölbebasilika in Rheinkassel reicht.

In Wort und Bild stellt der vorliegende Band alle 35 Sakralbauten aus den Epochen von Romanik und Gotik vor, die nach wie vor von der künstlerischen und religiösen Bedeutung der rheinischen Metropole zeugen – von der hohen Domkirche im Stadtzentrum bis zur schmucken Dorfkirche in bis heute ländlich anmutender Umgebung. Die großen und kleinen Gotteshäuser offerieren in ihrer Gesamtheit eine enorme architektonische Vielfalt und einen großen Reichtum an Bauschmuck und Ausstattung in Form von Wand-, Glas-, Buch- und Tafelmalereien, Skulpturen, Mosaiken, Schreinen, Grabmalen, Epitaphien sowie liturgischem Gerät. Und so gleicht eine Besichtigung der mittelalterlichen Kirchen Kölns stets einer Reise in die Architektur-, Kunst- und Kulturgeschichte der zwei vergangenen Jahrtausende, an deren Beginn die römische Ausgrabung und an deren Ende die zeitgenössische Lichtinstallation steht.

Richard W. Gassen

Die Kirchen der Innenstadt (mit Ausnahme der Kartäuserkirche und von St. Maria Ablass) sind täglich geöffnet. Zur Innenbesichtigung der Kirchen in den Stadtteilen und Vororten wende man sich an das jeweilige Pfarramt.

Köln im Mittelalter

Nach dem Ende der römischen Herrschaft um die Mitte des 5. Jahrhunderts ließen sich die Franken entlang des Rheins nieder und nahmen auch die Stadt Köln in ihren Besitz, die sie aber weitgehend unzerstört ließen. Zahlreiche der spätantiken Repräsentationsbauten blieben in ihrer Kernsubstanz erhalten und wurden einer neuen Nutzung zugeführt: So diente etwa der römische Statthalterpalast, das *Paetorium*, fortan als fränkischer Königssitz, als *Aula regia*, während über den Fundamenten anderer Staatsgebäude spätere Kirchenbauten – wie St. Gereon, St. Maria im Kapitol und Groß St. Martin – entstanden. Auch wurde die römische Bevölkerung nicht aus der Stadt vertrieben, sie durfte innerhalb der Mauern verbleiben und in ihren dem allmählichen Verfall preisgegebenen Häusern wohnen bleiben; sie musste unter den neuen Herren jedoch einen sozialen Abstieg hinnehmen, der sie von Herren zu Knechten machte. Köln avancierte zur Königsresidenz der ripuarischen Franken, bis im Jahre 507 der Merowinger Chlodwig I. ihr Teilkönigreich in sein Herrschaftsgebiet einverleibte. Auch im nun größeren merowingischen Frankenreich behielt die Stadt, die nach wie vor ein Knotenpunkt im von den Römern hinterlassenen Straßennetz im Rheinland war, trotz gesunkener Bevölkerungszahl ihre strategische und wirtschaftliche Bedeutung bei. In reichspolitischer Hinsicht gewann Köln an Bedeutung, als sich der austrasische Hausmeier Pippin II. (640–715) zu Ende des 7. Jahrhunderts hier häufig aufhielt und zusammen mit seiner Gemahlin Plektrudis auf dem Kapitolshügel residierte. Nach dem Tod ihres Ehemanns wählte Plektrudis Köln zu ihrem Witwensitz und stiftete auf dem Hügel eine Kirche, die später den Namen St. Maria im Kapitol tragen sollte.

Neben einem wirtschaftlichen und einem politischen war die Stadt auch ein geistliches Zentrum, das bereits im 4. Jahrhundert – noch unter römischer Herrschaft in der Provinz *Germania secunda* – über einen Bischofssitz verfügte und mit Maternus (313/314) seinen ersten urkundlich erwähnten Bischof hatte. Während in den folgenden zweieinhalb Jahrhunderten das Amt eines Kölner Episkopats nur sporadisch belegt ist, begann mit Evergislus im Jahre 590 die nahezu lückenlose Reihe der Kölner Bischöfe. Diese sollten dann auch in den Rang von Erzbischöfen erhoben werden, als die Stadt unter Karl dem Großen zum Metropolitansitz aufstieg. Zum ersten Köl-

Erzbischof Hildebold mit Modell des Alten Domes (historisierende Darstellung). Fußbodenmosaik im südlichen Chorumgang des Domes von August Essenwein, 1887–1899

ner Erzbischof – *arciepiscopus* – ernannte der Herrscher im Jahre 795 den seit 787 amtierenden Bischof Hildebold (794–818), seinen Vertrauten und ersten Vorsteher der Hofgeistlichkeit. Hildebold wurde in der Vergangenheit gerne die Grundsteinlegung zum großen karolingischen Dom, dem sogenannten Alten Dom, zugewiesen, sie wird inzwischen eher für die Amtszeit von Erzbischof Gunthar vermutet (850–863), unter dessen Nachfolger, Erzbischof Willibert, schließlich die feierliche Weihe der karolingischen Domkirche im September 870 stattfand.

Das nächste, die Entwicklung der Stadt maßgeblich prägende Episkopat war das von Bruno I. (953–965), mit dem ein knappes Jahrhundert später der eigentliche Beginn der erzbischöflichen Stadtherrschaft in Köln anzusetzen ist. 953 zum Erzbischof von Köln ernannt, wurde Bruno noch im September des gleichen Jahres von seinem Bruder, Kaiser Otto II., zum Herzog von Lothringen ernannt und avancierte in dieser Doppelfunktion zum ersten Reichskanzler im *Sacrum Imperium* der Ottonen, der sowohl über geistliche als auch weltliche Machtbefugnisse verfügte. In jenen Jahren formierte sich die Erzdiözese Köln, die als ein autonomes, weit über die Stadtgrenzen hinausgehendes Flächenterritorium in späterer Zeit auch als *Kurköln* bezeichnet wurde und seit dem 13. Jahrhundert einen der sieben Kurfürsten für die Wahl des römischen Königs stellte. Während Erzbischof Bruno im weltlichen Sektor die Gerichtsbarkeit und die Markt- und Münzhoheit für die Stadt sicherte und die im Osten an die römische Stadtmauer angrenzende Rheinvorstadt in die städtische Gerichtsbarkeit einbezog, tat er sich in seiner Funktion als geistlicher Fürst vor allem als rühriger Bauherr hervor: Er ließ den karolingischen Dom zur Fünfschiffigkeit erweitern und die bestehenden Stifte St. Severin und St. Cäcilien ausbauen; desgleichen rief er die Stifte Groß St. Martin und St. Andreas ins Leben (deren Kirchen allerdings erst lange Zeit nach seinem Tod vollendet wurden), während er bei den Kirchen St. Maria im Kapitol und St. Pantaleon Klöster der Benediktiner anlegen ließ. In Letzterer, die vermutlich aus den Steinen der nach Deutz führenden römischen Konstantinsbrücke errichtet wurde, fand er auch im Jahre 965 seine letzte Ruhestätte. Unter Bruno avancierte Köln nicht nur zum Bischofssitz und zur Pfalzstadt (so hatte Bruno für die Aufenthalte seines kaiserlichen Bruders eine neue Pfalz errichten lassen), sondern auch zur „heiligen Stadt", zum „hilligen Kölle", wie es die Einheimischen gerne nennen. Während seines Episkopats wurde eine große Zahl von Reliquien und anderen Heiltümern an den Rhein verbracht. Neben Reliquien von Heiligen wie Pantaleon, Christophorus, Patroklus

Die Kölner Kirchenprovinz im Mittelalter

und Eliphius gelang es ihm auch, die Ketten und den Stab des Apostelfürsten Petrus für den Dom zu erwerben. Insbesondere letztere markierten den Beginn eines mittelalterlichen Reliquienkults kölnischer Ausprägung, der in der Entdeckung eines römischen Gräberfeldes bei St. Ursula während der zweiten Stadterweiterung und der Translation der Gebeine der Heiligen Drei Könige in den Dom seine Fortsetzung, wenn nicht gar Steigerung finden sollte.

Um das Jahr 1000 lebten etwa 5000 Menschen in der Stadt, die meisten von ihnen in den Vierteln nahe des Rheins. Vermutlich zu ihrem Schutz gründete Erzbischof Heribert (998–1021), Freund und Kanzler Kaiser Ottos III., auf der gegenüberliegenden Rheinseite das Bendiktinerklosterkloster Deutz, das auf dem Gelände des ehemaligen Römerkastells Divitia errichtet wurde. Als letzter Erzbischof, der durch die Gründung neuer Stifte die Stadterweiterung vorantrieb, ist nach Heriberts Nachfolger Pilgrim der gegen den Willen der Kölner vom Kaiser eingesetzte Schwabe Anno II. (1056–1075) in die Geschichtsannalen eingegangen. Unter ihm erfolgte die Weihe (der im 19. Jahrhundert spurlos untergegangenen) Stiftskirche St. Maria ad Gradus vor dem Chor des Domes sowie die Gründung des Stiftes St. Georg und der späteren Pfarrkirche St. Jakob. Mit St. Georg schloss sich der Kreis der elf großen Stiftskirchen, die das Stadtbild in den folgenden Jahrhunderten maßgeblich prägen sollten. Die Stifte, die neben der Kirche meist eine Reihe weiterer Gebäude aufwiesen (die Probstei, die Kannonikerhäuser, ein Hospital, gelegentlich auch eine Herberge) waren in der Regel von hohen Mauern umgeben, die das kirchliche Terrain von der übrigen Stadt deutlich abgrenzte.

Die Prozession mit dem Leichnam Erzbischof Annos II. zwischen Tod und Begräbnis, 4.–11. Dezember 1075 (nach Ausstellungskatalog Monumenta Annonis)

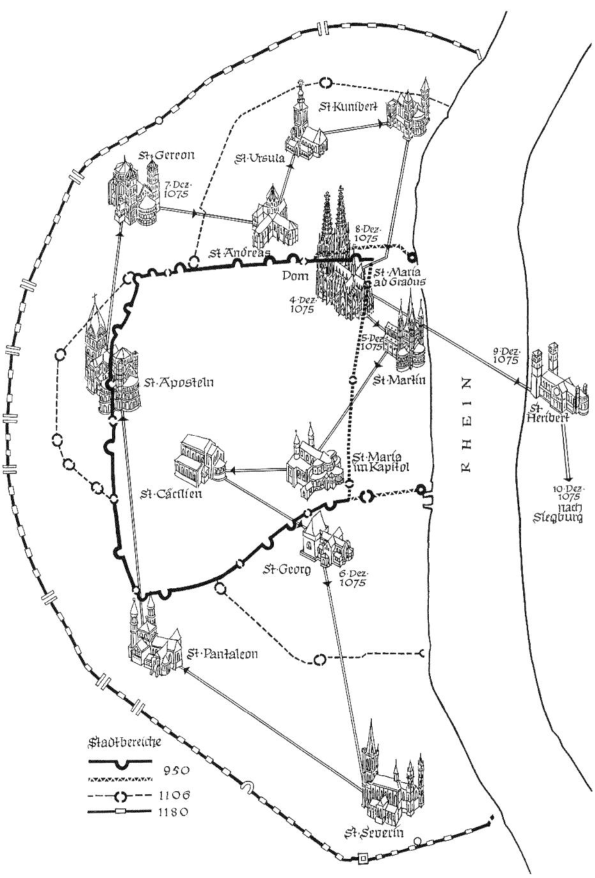

Die Tätigkeit als großer Kirchenbauherr war die eine Seite Annos; die andere bestand darin, dass es mit seiner Person erstmals zu einer Spaltung zwischen der wirtschaftlich erstarkenden Kölner Bürgerschaft einerseits, die sich 1074 in einem Aufstand gegen ihn erhoben hatte, und der kirchlichen Stadtherrschaft andererseits kam. In diesem Sinne wurde dann sein Leichenzug seitens des Klerus zu einer Art Machtdemonstration genutzt: Als er 1075 verstarb, bahrte man seinen Leichnam im Rahmen einer achttägigen Prozession in allen großen Kirchen auf – zuerst im Dom, dann in Groß St. Martin, St. Maria im Kapitol, St. Cäcilien, St. Georg, St. Severin, St. Pantaleon, St. Aposteln, St. Gereon, St. Andreas, St. Ursula, St. Kunibert, St. Maria ad Gradus, dann nochmals im Dom und anschließend in St. Heribert in Deutz, von wo aus er nach Siegburg überführt und begraben wurde.

Köln war an der Wende vom 11. zum 12. Jahrhundert weit über die Grenzen der Römermauer hinausgewachsen; so gab es im Süden die Ortschaften Oversburg und No(i)thusen (später Airsbach), im Norden den neuen Stadtteil Niederich, und auch im Westen hatte sich um das Apostelnstift, das unter Bischof Pilgrim gegründet worden war, eine neue Ansiedlung gebildet. Um diese zu schützen, entstand im Jahre 1106 auf Initiative des Kölner Bürgertums – und mit Unterstützung von Kaiser Heinrich IV. – ein neues Befestigungssystem, das die angrenzenden Stadtteile durch halbkreisförmig an die römische Stadtmauer angelegte Wallgräben in den städtischen Schutzbezirk mit einbezog. Im Zuge dieser Stadterweiterung, der zweiten nach der Einschließung der Rheinvorstadt im Jahre 950, erweiterte sich das Stadtgebiet um 80 Hektar nun auf insgesamt ca. 220 Hektar. Sozusagen ein „Nebenprodukt" der zweiten Stadterweiterung war der Fund eines umfangreichen römischen Gräberfeldes, das in der Nähe von St. Ursula entdeckt und als vermeintliche Ruhestätte der britannischen Heiligen und ihrer elftausend Weggefährtinnen gedeutet wurde. Bei den Ausgrabungsarbeiten wurden natürlich auch zahlreiche männliche Knochen gefunden, was eine weitere Umgestaltung der Ursulalegende notwendig machte: So hatte der englische König seiner Tochter ebenso viele männliche wie weibliche Begleiter mit auf die Pilgerfahrt nach Rom gegeben, die vor den Toren Kölns das Martyrium erlitten.

Das frühe 12. Jahrhundert läutete eine Epoche ein, in der die Bürgerschaft trotz oder gerade wegen ihrer wechselnden Parteinahme für den Kaiser beziehungsweise den Erzbischof immer mehr an politischer Bedeutung gewann und zugleich wirtschaftlich erstarkte. Die allmählich sich spezialisierenden Handwerke begannen sich in Bruderschaften zu organisieren, aus denen später die Zünfte des Hoch- und Spätmittelalters hervorgingen. Seit der Mitte des Jahrhunderts führte die Stadt, in der erstmals im Jahre 1135 ein Haus der Bürger, ein *Domus civium*, belegt ist, ein eigenes Siegel mit der Umschrift *Sancta Colonia Dei Gratia Romanae Ecclesiae Fidelis Filia* (Heiliges Köln, durch Gottes Gnade der römischen Kirche treue Tochter). Unübersehbar war ein allgemeiner relativer Wohlstand, der auch im Stadtbild seinen Niederschlag fand – immer mehr Plätze

Overstolzenhaus, um 1220/1230

und Straßen erhielten eine Pflasterung, die ersten, durch Steinplatten abgedeckten Abwasserrinnen wurden in den Straßen eingelassen, und die reichen Patrizierfamilien errichteten inmitten der Tausenden von niedrigen, strohgedeckten Fachwerkhäusern ihre repräsentativen Steinbauten, von denen sich allein die Fassade des zwischen 1220 und 1230 errichteten Overstolzenhauses in der Rheingasse erhalten hat. Den Aktivitäten seitens der Stadtgemeinde wollte die geistliche Stadtherrschaft, die sich unter Erzbischof Rainald von Dassel (1159–1167) einen neuen bischöflichen Palast an der Südseite des Domes errichtet hatte, in nichts nachstehen, und so begann um 1150 das sogenannte große Jahrhundert des romanischen Kirchenbaus, das mit der Weihe von St. Kunibert im Jahre 1247 und der ein Jahr später erfolgten Grundsteinlegung des neuen Domes beendet wurde. Nicht wie in den Jahrhunderten zuvor wurde hier und da eine neue Kirche errichtet, sondern man baute an allen Kirchen gleichzeitig. In dieser Epoche – man schrieb das Zeitalter der Staufer – erhielten die meisten der großen Stiftskirchen ihre endgültige Gestalt, die ihre wohl charakteristischste Ausprägung in den Dreikonchenanlagen von St. Maria im Kapitol, St. Aposteln und Groß St. Martin, dem Dekagon von St. Gereon sowie in den Westchorhallen von St. Andreas, St. Kunibert, St. Ursula und St. Aposteln fand. Die Vielzahl von gleichzeitig begonnenen und hochgeführten Kirchenbauten, deren Schauseite in der Regel nach Osten, d. h. dem Rhein zugewandt war, gestattete den Bauherren und Architekten ein hohes Maß an baulichen Variationen und Dekorationsformen, die die bislang das Stadtbild prägenden Dimensionen des karolingischen Domes mehr und mehr relativier-

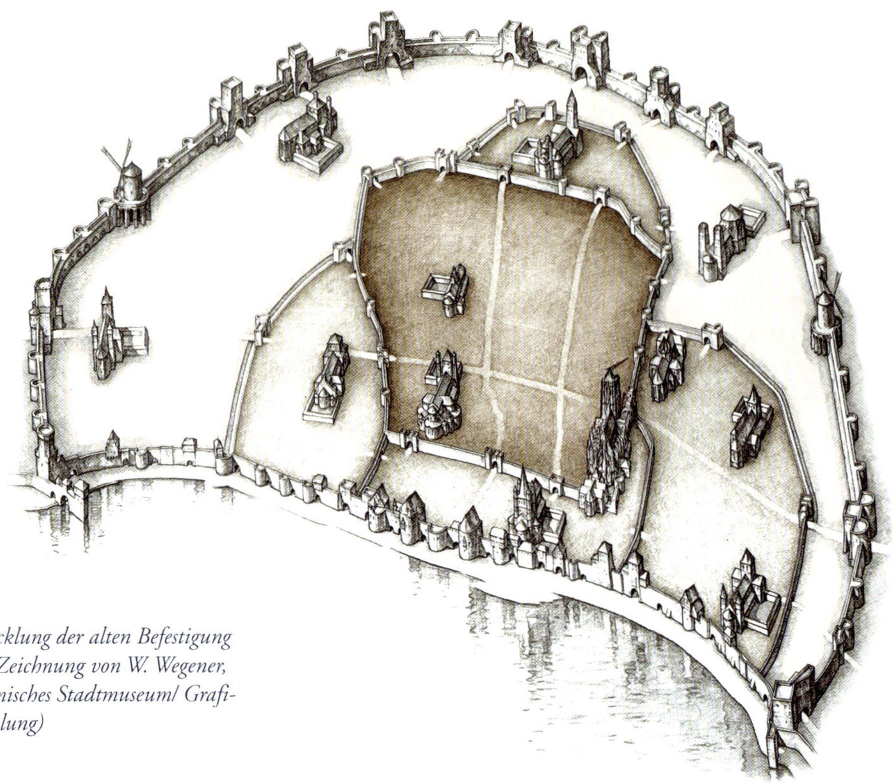

Die Entwicklung der alten Befestigung von Köln. Zeichnung von W. Wegener, 1950 (Kölnisches Stadtmuseum/ Grafische Sammlung)

Die vier noch erhaltenen Tore der 1180 begonnenen und um 1250 fertiggestellten mittelalterlichen Stadtbefestigung

l.o.: Hahnentorburg, 1220 errichtet

r.o.: Eigelsteintorburg; zwischen 1228 und 1248 errichtet und damit die jüngste der Kölner Torburgen

l.u.: Severinstorburg, im frühen 13. Jahrhundert errichtet und mit beiderseitigen Aufbauten (Geschützkammern) aus dem 16. Jahrhundert

r.u.: Ulrepforte mit dem im 15. Jahrhundert angebauten und im 19. Jahrhundert umgestalteten Mühlenturm

ten. Die Baumeister bezogen ihre Anregungen auch aus den außerhalb der Stadt gelegenen Gebieten – erstreckte sich doch die riesige Kölner Diözese inzwischen von Koblenz im Süden und Limburg im Osten bis an den Niederrhein und nach Holland im Norden und Westen.

Ein für die Stadt in kirchenpolitischer Hinsicht wichtiges Ereignis stellte der 23. Juli des Jahres 1164 dar, als Erzbischof Rainald von Dassel die Gebeine der drei Weisen aus dem Morgenland, die hier sogleich als die Heiligen Drei Könige verehrt wurden, an den Rhein überführte. Den Sarg mit den sterblichen Überresten hatte Kaiser Friedrich I. während seines Feldzugs gegen die rebellischen lombardischen Städte in Mailand erbeutet und an seinen Reichskanzler und ersten Ratgeber Rainald zum Zweck der Translation übergeben. Dieser ließ sie im karolingischen Dom niederlegen, wo sie in den Jahren zwischen 1190 und 1220 in den prachtvollen Goldschrein aus der Werkstatt des Goldschmieds Nikolaus von Verdun gebettet wurden. Die Aufbahrung der kostbaren Reliquien hatte einen enormen Andrang von Wallfahrern, die Jahr für Jahr nach Köln kamen, zur Folge. Dieser Umstand sollte sich zwar als äußerst vorteilhaft für das städtische Wirtschaftsleben erweisen, zugleich wurde es auch immer offenkundiger, dass der karolingische Dom den täglich heranrü-

Im 13. und 14. Jahrhundert bildete sich im Areal zwischen Domsüdseite und Alten Markt ein eigenes jüdisches Viertel heraus, das aus etwa 90 Gebäuden bestand und seit etwa 1300 nach außen abgeriegelt war; den Mittelpunkt bildete die Synagoge, die von der Frauensynagoge, der Mikwe, dem Hospital sowie dem Tanz- und Hochzeitshaus umgeben war. Die Gettoisierung war zugleich Ausdruck dafür, dass das Zusammenleben zwischen der christlichen Mehrheit und der jüdischen Minderheit oftmals wenig harmonisch verlief, sodass die Stadt im Jahre 1321 – parallel zum Judenregal des Erzbischofs – der jüdischen Gemeinde gegen eine jährliche Zahlung einen Schutzbrief ausstellte. Als sich in der Folge der schweren Pestepidemie von 1348/49 das Gerücht verbreitete, die Juden hätten in Köln, wie auch anderorts, die Brunnen vergiftet, kam es zu schlimmen Pogromen: Die Häuser des jüdischen Viertels wurden geplündert und gebrandschatzt, die Bewohner, die sich zu retten versuchten, wurden auf brutalste Weise ermordet, nur wenigen Familien gelang die Flucht. Weder Stadtgemeinde noch Erzbischof haben etwas zu ihrem Schutz unternommen. 20 Jahre später durften sich wieder einige reiche Juden in der Stadt niederlassen, allerdings war ihnen das Tragen einer eigenen Kleidung vorgeschrieben. Doch lange sollte diese letzte, bescheidene Episode jüdischen Lebens in Köln nicht mehr dauern. In der Folge der langjährigen Streitigkeiten mit dem Erzbischof über die Besteuerung der Juden lehnte es der Rat der Stadt im frühen 14. Jahrhundert schließlich ab, ihren Aufenthalt länger zu genehmigen. So mussten im Jahre 1424 alle Juden die Freie Reichsstadt Köln verlassen, in der sie sich erst 350 Jahre später, gegen Ende des 18. Jahrhunderts, wieder niederlassen durften. Zwei Jahre nach ihrer endgültigen Vertreibung erteilte der Domprobst die Zustimmung, dass an der Stelle der Synagoge die neue Rathauskapelle errichtet werden sollte, die dem Titel *St. Maria von Jerusalem* geweiht wurde.

Synagoge, 12. Jahrhundert (Rekonstruktion)

Mikwe, 12. Jahrhundert (Rekonstruktion)

Blick in die Mikwe

Stefan Lochner, Altar der Stadtpatrone, um 1445 (Dom, Marienkapelle)

Schon zwei Jahrzehnte vor dem Bau der Kapelle, für die Stefan Lochner seinen berühmten, heute im Dom aufgestellten *Altar der Stadtpatrone* malte, hatte sich die zünftig organisierte Kölner Bürgerschaft den mächtigen Rathausturm (1404–1414) errichtet – als Denkmal ihres Sieges über die Patrizier und als Symbol ihres erstarkten Selbstbewusstseins.

Bevor die Zünfte die Macht endgültig übernahmen, hielten die mächtigen Patriziergeschlechter bis ins letzte Jahrzehnt des 14. Jahrhunderts das Stadtregiment in ihren Händen; zu ihren letzten großen Initiativen gehörten das 1367 gegen die dänischen und norwegischen Könige geschlossene Bündnis der Hansestädte sowie die Gründung der Universität im Jahre 1388, der ersten deutschen Hochschule, die von einer Stadt ins Leben gerufen wurde. Etwa im gleichen Zeitraum hatte das kölnische Handwerk in Abgrenzung zu den Patriziergeschlechtern begonnen, sich beruflich zu organisieren: So gab es gegen Ende des 14. Jahrhunderts 42 Zünfte, die gleiche Anzahl von Bruderschaften sowie die – später zunehmend politisch agierenden – 22 Gaffeln, die neben Handwerkern auch andere Mitglieder, beispielsweise Kaufleute, aufnahmen. Während sich die Patrizier anfänglich, wie in der Niederschlagung des Weberaufstands im Jahre 1371, erfolgreich gegen die erstarkende Zunftbewegung zur Wehr setzen konnten, muss-

Rathausturm, zwischen 1404 und 1414 erbaut

Dom und Groß St. Martin von Südosten

ten sie sich am 18. Juni 1396 im unblutigen *Handstreich der Zünfte* endgültig geschlagen geben. Nur wenige Wochen später trat ein neuer Rat zusammen, in dem die Zünfte und Kaufleutegesellschaften die Mehrheit hatten, und gab sich eine eigene ständische Verfassung, den sogenannten *Verbundbrief*. Dieser regelte, dass die von den Zünften und Gaffeln entsandten Ratsherren die beiden Bürgermeister wählten, die ebenso wie sie selber ihr Amt ein Jahr innehatten. Der 1288 eingeleitete und mit dem Verbundbrief praktisch in Kraft getretene Status als Freie Reichsstadt wurde dann am 19. September 1475 offiziell besiegelt, als Kaiser Friedrich III. die Privilegien Kölns erneuerte und die Reichsunmittelbarkeit formal bestätigte. Nun war die von einem gewählten Stadtregiment regierte Kommune – kurz vor dem Eintritt in die Neuzeit – vom Bischof völlig unabhängig und nur noch dem Reich untertan.

Hohe Domkirche St. Peter und Maria (Dom)

Der Kölner Dom zählt neben der Kathedrale von Sevilla und dem Mailänder Dom zu den größten Sakralbauten des Mittelalters, er ist zugleich das erste Gotteshaus in Deutschland, das komplett im Stil der Gotik entworfen wurde. Der Ostteil und die beiden unteren Geschosse des Südturms stammen aus dem 13. und 14. Jahrhundert, während der westliche Teil des Langhauses und die Doppelturmfassade mit einer Turmhöhe von 157 Metern originalgetreue Rekonstruktionen des 19. Jahrhunderts sind und es sich bei den beiden Querhäusern im Süden und Norden – in Ermangelung mittelalterlicher Baupläne – um neugotische Ergänzungen des Historismus handelt.

Baugeschichte Eine erste Kirchenanlage an der Stelle des Domhügels wird für das frühe 4. Jahrhundert (nach 313) vermutet; diese war wahrscheinlich unter dem ersten namentlich erwähnten Kölner Bischof Maternus nach dem Vorbild von Alt St. Peter in Rom errichtet worden. Bereits der frühe Bau, der noch nach römischem Brauch nach Westen ausgerichtet war, nahm eine Länge von mehr als 130 Metern ein. In der ersten Hälfte des 6. Jahrhunderts kam es zu einem Neubau der Taufkirche auf kreuzförmigem Grundriss, von der sich noch das achteckige Taufbecken erhalten hat (heute hinter einer Gittertür an der Dom-Ostseite zu sehen). Nur wenige Jahre später

links: Fliegeraufnahme von Südwesten, um 1935

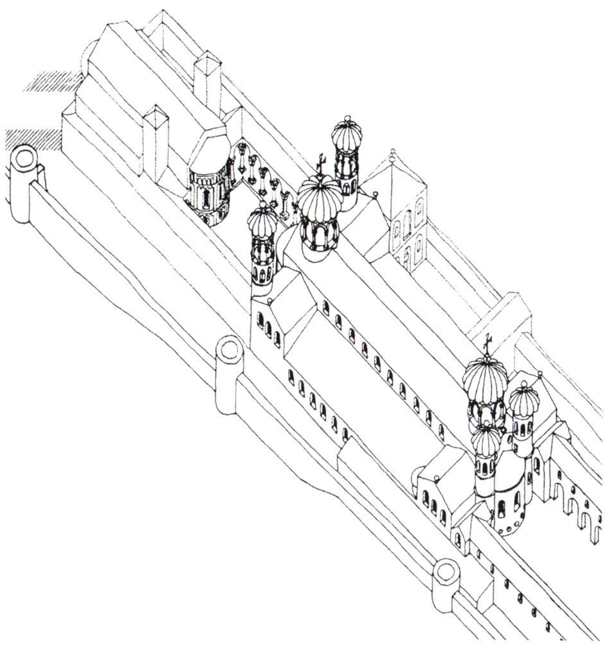

Der Alte Dom zu Zeiten der Stadtherschaft von Erzbischof Rainald von Dassel (1159–1167), Zeichnung: A. Wolff

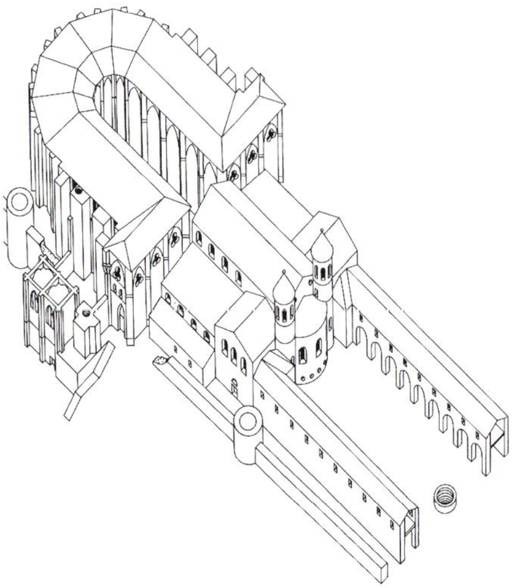

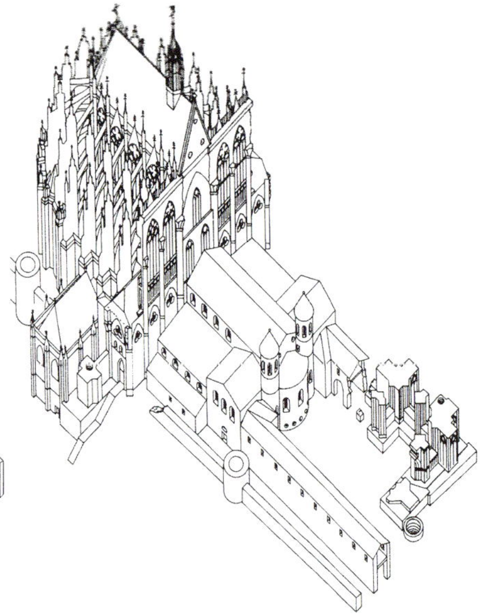

links oben: Bauzustand um 1265, Zeichnung: A. Wolff

rechts oben: Bauzustand zur Zeit der Chorweihe im Jahre 1322, Zeichnung: A. Wolff

wurde unter Bischof Carentius die eigentliche Bischofskirche zu einer doppelchörigen Anlage mit einer Länge von insgesamt 85 Metern ausgebaut, die unter Bischof Kunibert († 665) in ihrem Westteil das Petrus-Patrozinium erhielt, während der Ostchor der Gottesmutter Maria geweiht war. Anfang des 9. Jahrhunderts erfolgte ein karolingischer Umbau, der schon relativ bald, vermutlich nach 857, einem weiteren Neubau – dem so genannten Alten Dom – weichen musste. Begonnen unter Erzbischof Gunthar (und nicht wie früher vermutet, unter Hildebold) wurde das neue Gotteshaus, das zu einem der größten und bedeutendsten Kirchenbauten im Karolingerreich

Brunnen im Westatrium des Alten Domes (heute in der Tiefgarage)

werden sollte, im September 870 von Erzbischof Willibert geweiht. Die dreischiffige Anlage erhielt im 11. Jahrhundert zwei zusätzliche Seitenschiffe, sodass sie genau wie ihr Vorbild, die Grabeskirche Petri in Rom, über fünf Schiffe verfügte. Zusätzlich ließ Erzbischof Anno II. (1056–1075) im Osten die (untergegangene) Stiftskirche St. Maria ad Gradus errichten, die über zwei lange Säulenhallen mit dem Alten Dom in Verbindung stand.

Eine einschneidende Zäsur markiert schließlich der 23. Juli 1164, als Erzbischof Rainald von Dassel, Kanzler Friedrich Barbarossas, die (vermutlichen) Gebeine der Heiligen Drei Könige von Mailand nach Köln verbringen ließ. Man rief die renommiertesten Goldschmiede der Zeit in die Stadt, um einen Schrein zur Aufbewahrung der Reliquien anzufertigen. Von überall her kamen nun Pilger, und Köln wurde zu einem der bedeutendsten Wallfahrtsorte Europas. Dies führte einerseits zu einem deutlichen wirtschaftlichen Aufschwung des Gemeinwesens, während sich andererseits

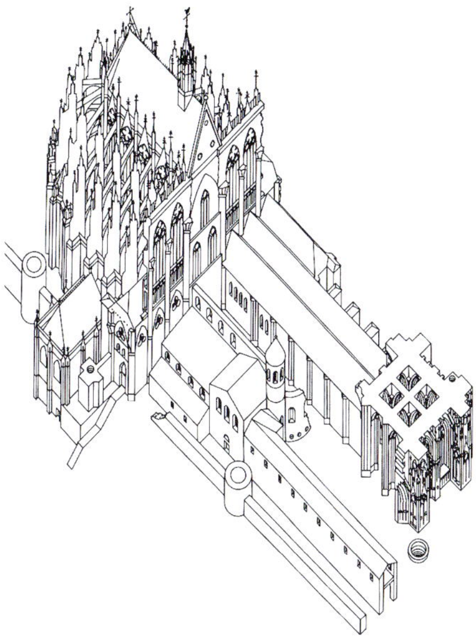

der karolingische Dom als zu klein für die ständig wachsenden Pilgerströme erwies. Inzwischen auch als unmodern empfunden, entschloss man sich zu einem kompletten Neubau, der im Stile der seinerzeit innovativen und in Mode gekommenen französischen Kathedralgotik ausgeführt werden sollte. Die Grundsteinlegung erfolgte am 15. August 1248, am Fest Mariä Himmelfahrt, unter Erzbischof Konrad von Hochstaden – übrigens ein Jahr später, nachdem die letzte der großen romanischen Kirchen Kölns, St. Kunibert, vollendet worden war. Die Entscheidung, die neue Bischofskirche im Stile der in Frankreich bereits seit einem Jahrhundert praktizierten Gotik zu errichten, mag durch die Weihe der im Frühjahr des Jahres 1248 vollendeten Sainte-Chapelle in Paris begünstigt worden sein, ebenso wie zwischenzeitlich die Kunde vom Bau der großen fünfschiffigen Kathedrale von Amiens (1220–1288) bis an den Rhein vorgedrungen war.

Wie sein französisches Vorbild, wurde auch der neue Dom in Gestalt einer fünfschiffigen Basilika mit dreischiffigem Querhaus errichtet, deren Außenmauern sich eng an den frühmittelalterlichen Vorgängerbau anschlossen. Der Bau erstreckte sich in einer äußeren Gesamtlänge von knapp 145 Metern, die Gesamtbreite des Querhauses betrug 86 Meter, die Höhe des Mittelschiffes 43 Meter und die der Seitenschiffe knapp 20 Meter. Wie üblich bei christlichen Gotteshäusern, verlief die Bauabfolge von Osten nach Westen: So riss man zunächst die östliche Partie des alten Domes ab und errichtete an deren Stelle den Kapellenkranz des Außenchors, der 1265 vollendet wurde. Anschließend entstand der Binnenchor, sodass die gesamte Ostpartie, die zur Vierung und zum Langhaus hin mit einer Trennwand abgeschlossen wurde, bereits um 1300 fertiggestellt war. Die feierliche Schlussweihe fand am 27. September 1322 statt. Über die damals schon beeindruckende Gestalt des neuen Gotteshauses berichtete Francesco Petrarca in einem Brief vom 9. August des Jahres 1333: „Ich habe das Capitol gesehen, ein Abbild des

links oben: Bauzustand zur Zeit der Eröffnung der Kölner Universität im Jahre 1388, Zeichnung: A. Wolff

rechts oben: Bauzustand zur Zeit der Einstellung der Bauarbeiten im Jahre 1560 (vorne rechts der unvollendete Südturm mit dem charakteristischen Baukran, der die Stadtansichten der folgenden Jahrhunderte maßgeblich prägte), Zeichnung: A. Wolff

unseren ... Ich habe den Dom gesehen inmitten der Stadt, ein herrliches Bauwerk, wenn es auch noch nicht vollendet ist; nicht zu Unrecht nennen die Kölner es das Höchste."

Die Ausführung der Ostpartie hatte in den Händen von Gerhard von Ryle gelegen, der vom Erzbischof aus Amiens nach Köln gerufen und hier zum Dombaumeister bestellt worden war. Den historischen Überlieferungen nach galt Meister Gerhard als äußerst ehrgeizig und arbeitsbesessen, und es war zweifellos sein Verdienst, dass die anfänglichen Arbeiten an der Ostpartie so rasch voranschritten. Das historische Faktum wird durch eine Legende angereichert, die von einem Pakt zwischen dem Teufel und dem Dombaumeister berichtet: Dieser zufolge soll der mit einem ausgeprägten Selbstvertrauen ausgestattete Baumeister mit Satan eine Wette abgeschlossen haben, dass er den Dom auch allein vollenden würde, und zwar in der Zeit, in der sein Kontrahent eine Wasserleitung durch die Eifel von Trier nach Köln bauen sollte. Um den Beweis zu erbringen, dass der unterirdische Kanal fertig sei, solle ihn eine Ente durchschwimmen. Und würde Satan vor dem Baumeister fertig, bekäme er seine Seele. Als der Teufel merkte, dass er dies aus eigener Kraft nicht bewerkstelligen würde, wandte er eine List an, indem er die Frau des Baumeisters dazu verleitete, ihren Mann auszuspionieren. Meister Gerhard verriet seiner Gattin, dass der Teufel die Wette verlöre, wenn er nicht die Wasserleitung in regelmäßigen Abständen mit einem Loch ausstattete, damit die Ente atmen könne. Also wurde die Wasserleitung fertiggestellt, und die Ente durchschwamm sie. Als der Baumeister in seinem Altarraum das Plätschern von Wasser hörte und den Vogel erblickte, wusste er, dass er die Wette verloren hatte, und stürzte sich vom Baugerüst. Tatsächlich soll Meister Gerhard auf mysteriöse Weise auf der Baustelle ums Leben gekommen sein, und eine römische Wasserleitung durch die Eifel nach Köln gab es auch.

Zur gleichen Zeit, als die feierliche Weihe des Chores stattfand, hatte bereits der Bau des Südturms begonnen; dieser wurde mit seinen beiden unteren Geschossen bis zu einer Höhe von 59 Metern ausgeführt und blieb dann vom Beginn des 15. Jahrhunderts bis weit ins 19. Jahrhundert als Torso stehen, während der Nordturm noch fast vollständig fehlte. Für lange Zeit noch beließ man den inzwischen nutzlos gewordenen, durch Treträder angetriebenen mittelalterlichen Baukran auf dem südlichen Turmstumpf, er wurde für die folgenden drei Jahrhunderte zu einer Art Wahrzeichen der Stadt. Insgesamt gerieten die Arbeiten im Spätmittelalter zunehmend ins Stocken. Lediglich im Bereich des Langhauses wurde stückweise, d.h. bis in eine Höhe von 14 Metern, weitergebaut. Im Jahre 1560 schließlich kam es zum völligen Stillstand der Bautätigkeit, wofür drei Gründe ausschlaggebend gewesen sein dürften: Es war kein Geld mehr

Der unvollendete Dom (Detail aus Anton Woensams Stadtansicht von 1531); links neben dem Südturm die Basilika St. Gereon, rechts vor dem Ostchor die (untergegangene) Kirche St. Maria ad Gradus

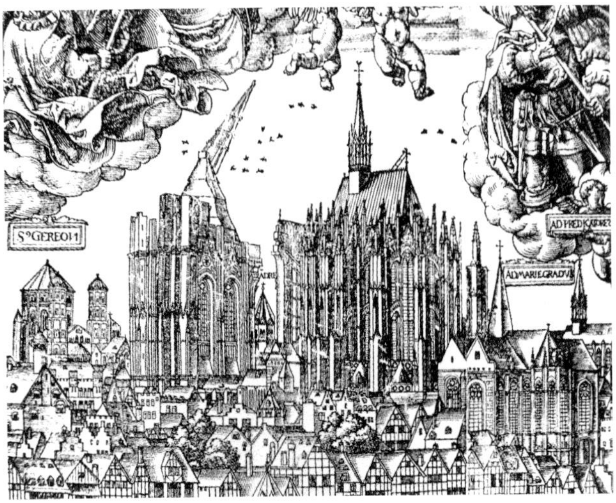

vorhanden, die Gotik galt inzwischen als unmodern und letztlich hatte auch die Reformation jeglichen Bauwillen im Bereich der Sakralarchitektur erlahmen lassen. Der Chor war durch eine Schutzmauer gegen den Westteil des unvollendeten Bauwerks abgeriegelt, auf das Langhaus hatte man, um den Betrieb im fertiggestellten Ostteil zu gewährleisten, ein provisorisches Holzdach gesetzt.

Erst die Mittelalterbegeisterung der deutschen Romantik erweckte nach einem missglückten Barockisierungsversuch im 18.Jahrhundert erneut den Impuls, den Dombau zu vollenden. Dieser wurde gleichsam zum Symbol eines neuerwachten Nationalbewusstseins der Deutschen, das, gefördert durch den preußischen König Friedrich Wilhelm IV., seinen erhabensten Ausdruck in dem monumentalen steinernen Gotteshaus finden sollte – war zudem ja auch der originale mittelalterliche Fassadenplan wieder aufgefunden worden. Im Jahre 1841 gründete sich auf Initiative Kölner Bürger der Zentral-Dombau-Verein, und ein Jahr später wurde der Grundstein zur Vollendung gelegt, die in den Händen der beiden Dombaumeister Ernst Friedrich Zwirner (1802–1861) und Karl Eduard Richard Voigtel (1829–1902) lag. Beim Bau wurden die modernsten Techniken eingesetzt: So erhielten der gesamte Dachstuhl von Chor und Langhaus wie auch der Unterbau des Dachreiters eine gusseiserne Substruktion, die zu einer erhöhten Brandsicherheit und zu einer verbesserten Statik beitrug. Die Domvollendung fand im Rahmen einer großen nationalen Feier mit dem Aufsetzen der Kreuzblume auf dem Südturm am 15. Oktober 1880 statt.

Zu Beginn des 20. Jahrhunderts machten sich erstmals schwere Verwitterungsschäden bemerkbar, die eine Fortsetzung der Arbeit der Dombauhütte – bis zum heutigen Tage und vermutlich noch für lange Zeit – notwendig machten. Von 14 Bomben im Zweiten Weltkrieg schwer getroffen, konnte der Dom seine Kernsubstanz in weiten Partien bewahren, sodass der Wiederaufbau bereits im Jahre 1956 als abgeschlossen gelten konnte; 40 Jahre später wurde das Kölner Wahrzeichen von der UNESCO in die Liste des Weltkulturerbes aufgenommen.

oben: Blick in den Helm des Südturms

Glockenkammer im zweiten Obergeschoss des Südturms; in der Mitte die St.-Peters-Glocke, von den Kölnern auch „Decke Pitter“ genannt

links: Mittelalterlicher Fassadenplan (Riss F), um 1300, Kölner Dombauarchiv.
Der sogenannte Riss F gehört zu einer Folge von sieben erhaltenen Architekturzeichnungen des Domes. Der Aufriss mit einer Gesamthöhe von 4,05 Metern setzt sich aus insgesamt 20 aneinandergeklebten Pergamenten zusammen. Der lange Zeit verschollene Plan wurde in zwei Hälften wiederentdeckt und auf Initiative des Kölner Kunstsammlers Sulpiz Boisserée gesichert: 1814 der Nordturm auf dem Speicher eines Gasthofs in Darmstadt, zwei Jahre später der Mittelbau mit dem Südturm bei einem Antiquar in Paris. Der vom Ende des 13. Jahrhunderts stammende Plan diente den Baumeistern des 19. Jahrhunderts als Vorbild für die Gestaltung der Westfassade.

rechte Seite: Westfassade

Südliches Westportal, das sog. Petersportal

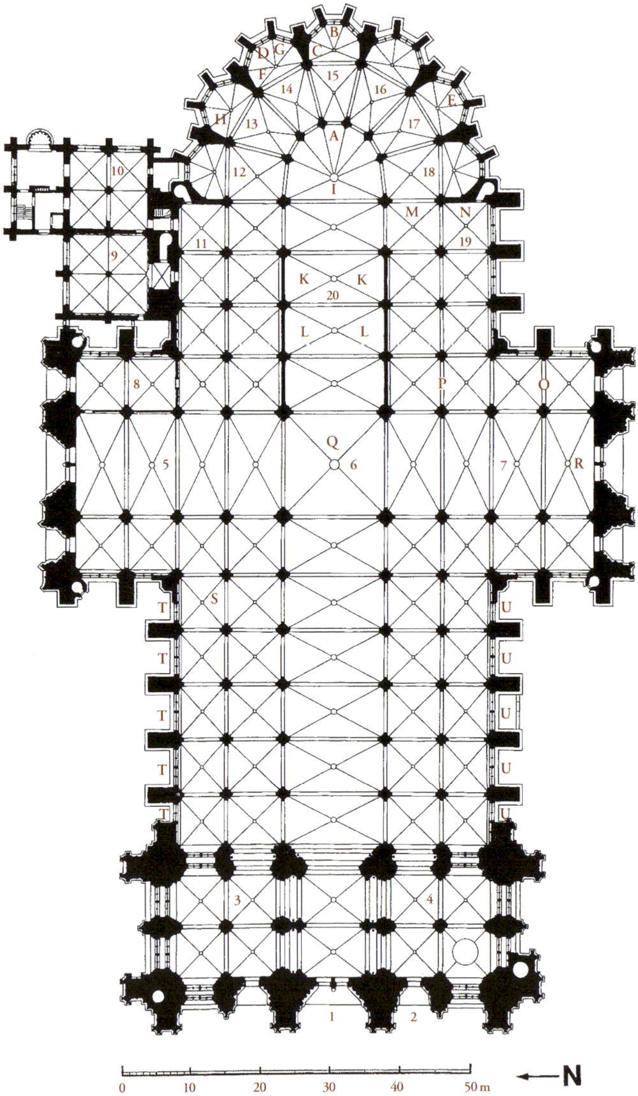

1 *Westportal*
2 *Petersportal*
3 *Nordturm*
4 *Südturm*
5 *Nördliches Querhaus*
6 *Vierung*
7 *Südliches Querhaus*
8 *Schatzkammer*
9 *Sakramentskammer*
10 *Sakristei*
11 *Kapelle des Hl. Kreuz*
12 *Engelbertuskapelle*
13 *Maternuskapelle*
14 *Johanneskapelle*
15 *Dreikönigskapelle*
16 *Agneskapelle*
17 *Michaelskapelle*
18 *Stephanuskapelle*
19 *Marienkapelle*
20 *Binnenchor*
A *Dreikönigsschrein*
B *Älteres Bibelfenster*
C *Dreikönigsfenster*
D *Allerheiligenfenster*
E *Grabmal Konrad v. Jülich*
F *Riss F*
G *Grabmal Konrad v. Hochstaden*
H *Grabmal Philipp von Meinsberg*
I *Fußbodenmosaik*
J *Gerokruzifix*
K *Chorschranken*
L *Chorgestühl*
M *Mailänder Madonna*
N *Altar d. Stadtpatrone*
O *Agilolphusaltar*
P *Hl. Christophorus*
Q *Vierungsmosaik*
R *Sog. Richterfenster*
S *Klarenaltar*
T *Nordschifffenster*
U *Sog. Bayernfenster*

Außenbesichtigung Die monumentale Westfassade mit einer Gesamtfläche von mehr als 7000 Quadratmetern wirkt trotz der enormen Fülle von Einzelformen klar und übersichtlich gegliedert, wobei die Fassadenmitte aufgrund der Ausdehnung der beiden Türme relativ schmal ausfällt. Der große Fassadenplan der Westpartie geht auf den zwischen 1296 und 1330/31 tätigen Meister Johann zurück, der die ursprünglichen in Gerhard von Ryles Aufriss vorgesehenen fünf Portale auf drei reduzierte und stattdessen die Türme breiter anlegte. Diese gehen vom dritten Geschoss an von der quadratischen Grundform unmerklich ins unregelmäßige Achteck über und finden ihren Abschluss in den 50 Meter hohen, spitz zulaufenden steinernen Helmen, die von Kreuzblumen bekrönt werden. Eine Vielzahl von Spitzbogenfenstern, Wimpergen, Ecktürmen, Gesimsen, Galerien und Vorlagen gliedert die weitgehend in der Vertikalen ausgerichtete Fassade, die sich – wenn auch mehr als ein halbes Jahrtausend später ausgeführt als ursprünglich geplant – relativ detailgenau an der mittelalterlichen Vorlage orientiert. Der Fünfschiffigkeit des Langhauses entsprechen die fünf hohen Spitzbogenfenster

Portalzone der Westfassade

Gewändefiguren am Petersportal, linkes Gewände

Petersportal, Tympanon

im zweiten Geschoss, während die dreitorige Portalzone relativ niedrig und, bedingt durch die flankierenden Fenster, sogar etwas unregelmäßig wirkt. Von den drei aufwendig gestalteten Portalen weist einzig das südliche, das bis zum Bogenscheitel 11 Meter messende Petrusportal Figurenschmuck auf, der aus dem Mittelalter stammt. So wurden fünf der großen Gewändefiguren zu beiden Seiten der großen Bronzetür in den Jahren 1370/80 gefertigt: auf der linken Seite (von innen nach außen) die hll. Petrus, Andreas und Jakobus sowie rechts die hll. Paulus und Johannes. Bei den heute aufgestellten Skulpturen handelt es sich um Kopien in Steinguss, da die Originale wegen ihres schlechten Erhaltungszustandes in den 1970er-Jahren abgenommen werden mussten.

Das Tympanon zeigt in seiner unteren Zone verschiedene Propheten, in der mittleren das Martyrium der Apostel Petrus und Paulus. In der oberen ist der Himmelssturz des Simon Magus, des ersten Häretikers der Kirche, dargestellt. In den Hohlkehlen oberhalb der Gewändefiguren sitzen, eingerahmt von reich dekorierten Baldachinen, Engel, Erzengel, Evangelisten, Kirchenväter, heilige Frauen und Märtyrer, die im Umkreis der im 14. Jahrhundert tätigen Architekten- und Steinmetzenfamilie der Parler entstanden sind. An diesen orientieren sich auch die restlichen nachmittelalterlichen Skulpturen am Petrusportal sowie an den beiden daneben liegenden Portalen, die aus der Werkstatt des zwischen 1869 und 1884 tätigen Dombildhauers Peter Fuchs stammen. (Die im Zweiten Weltkrieg zerstörten Figuren am Mittel- und Nordportal wurden durch neuzeitliche Versionen ersetzt.)

Mit reichem Skulpturenschmuck versehen sind gleichfalls die insgesamt sechs Portale an den Fassaden der beiden Querhausriegel. Diese setzen, den äußeren Seitenschiffen quasi vorgeblendet, an den Längsseiten gewichtige architektonische Akzente. Obwohl erst im 19. Jahrhundert in Ermangelung der originalen Fassadenpläne in einer freieren Formensprache der Neogotik errichtet, fügen sich die

Gewändefiguren am Petersportal, rechtes Gewände

beiden Querriegel äußerst stimmig und harmonisch in den Gesamtbaukörper ein. Ganz im Sinne des mittelalterlichen Bauprogramms gehalten sind ihre Gliederungselemente: die Wimperge über den spitzbogigen Portalen, die mit reichem Maßwerk gegliederten Fenster, die mächtigen Strebepfeiler und -bögen, die Ecktürmchen, Fialen, Skulpturen und die phantasievoll gestalteten Wasserspeier. Sie lösen sich in ihrer Detailgestaltung mitunter bewusst aus dem originalen Kontext und bieten historistische Varianten (19. Jahrhundert) oder auch moderne bzw. zeitgenössische Fassungen (20. und frühes 21. Jahrhundert). So entdeckt man immer wieder unter der enormen Vielzahl der an den Außenwänden aufgestell-

rechts: Südquerhaus

Nordquerhaus, Mittelportal

Gewändefiguren am rechten Seitenportal des Nordquerhauses

ten Statuen Personen und Persönlichkeiten der jüngeren Geschichte, deren Einbeziehung in den Gesamtskulpturenschmuck durchaus im Geiste der im Historismus ausgeführten Domvollendung liegt. Ganz aus historischer Sicht widmet sich auch das Programm des gegenüber dem Hauptbahnhof gelegenen Nordportals der Gründungsgeschichte der Kirche, die mit der Übergabe des Hirtenamtes an Petrus beginnt. Im Maternusportal, das nach dem ersten Kölner Bischof benannt ist, wird die Entstehung der Kirchenprovinz dargestellt. Einen zusätzlichen, über den Bereich der reinen Bauplastik hinausweisenden künstlerischen Akzent setzen im Südquerhaus die vier Türen, die Ewald Mataré zwischen 1948 und 1954 angefertigt hat: die Papst- und die Bischofs-

oben rechts: Linkes Seitenportal des Südquerhauses, Skulpturen von Christian Mohr nach Entwürfen Ludwig Schwanthalers, 1849–1871

rechts: Bronzetüren von Ewald Mataré am Mittelportal des Südquerhauses, 1948–54. Die linke Tür ist dem Kölner Erzbischof Frings, die rechte Papst Pius XII. gewidmet.

oben: Der Dom inmitten des brennenden Kölns, Relief von Ewald Mataré auf dem linken Seitenporal (Ursulaportal) des Südquerhauses

Der goldene Stern auf der Spitze des 1859 errichteten und 1970 renovierten Vierungsturms

rechte Seite: Der Chor von Osten; 1248 Baubeginn der Chorkapellen, um 1300 Vollendung des Obergadens

türe im mittleren Portal sowie das westliche Ursulaportal mit der in Bronze gegossenen Darstellung des brennenden Kölns und das östliche Gereonsportal mit der aus Mosaiksteinen zusammengefügten Hand Gottes im Osten.

Von schier unermesslicher architektonischer und bauplastischer Vielfalt präsentiert sich der Ostchor aus der zweiten Hälfte des 13. Jahrhunderts, über dem sich der 1859 errichtete und 1970 renovierte Vierungsturm mit dem markanten goldenen Stern erhebt. Die Anlage ist in zwei Geschosse gegliedert: den Kapellenkranz im unteren sowie den Hochchor im oberen Teil. Die Kapellenzone wirkt relativ kompakt und in sich geschlossen, was durch die unterschiedlich starken, jedoch durchweg schlicht gehaltenen Hauptstrebepfeiler und Stützpfeiler der Kapellenpolygone akzentuiert wird –

Bauschmuck in der Obergadenzone des Ostchors

rechts oben: Langhaus, Vierung und Chor von Westen

links oben: Blick ins Langhaus von Osten

ebenso wie durch das einheitliche Maßwerk in den großen Fenstern, die nahezu die gesamte Höhe und Breite der Wandfelder einnehmen. Von deutlich größerem und filigranerem Formenreichtum ist demgegenüber der Hochchor. Die Vielfalt an architektonischen und skulpturalen Details zeigt sich insbesondere in den

Achskapelle, auch Dreikönigskapelle, mit dem Älteren Bibelfenster, um 1260 (Mitte), dem Petrus- und Maternusfenster, 1330/40 (rechts), sowie dem Dreikönigsfenster, 1330/40 (links)

rechte Seite: Blick von Westen in den 1322 geweihten Chor

maßwerkbelegten und fialenbekrönten Strebepfeilern, welche die dahinterliegende Chorwand nahezu verbergen. Hier ist die Wandfläche auf ein Minimum reduziert, sie beschränkt sich letztlich auf die reich profilierten Fenstergewände, während die oberhalb der Spitzbögen ansetzenden, mit filigranen Maßwerkfüllungen ausgestatteten hohen Wimperge bereits die Dachgalerie überschreiten und sich mit deren Fialen vereinen.

Innenbesichtigung Im Inneren ist der Hochchor, der architektonisch beeindruckendste Teil des Innenraums, dreigeschossig angelegt. Er führt die Fünfschiffigkeit des Langhauses fort, wobei die beiden äußeren Seitenschiffe in den Kapellenkranz übergehen. Hohe Arkaden, die im Chorschluss gestelzt sind, lagern auf kantonierten Rundpfeilern. Das zweischalige, durchlichtete Triforium, das zwei- bzw. vierteilig gegliedert ist, hebt sich durch kräftige Gesimse von den Arkaden und vom Obergaden ab. Die

Allerheiligenfenster in der Johanneskapelle im Chorumgang, um 1330/40 (Detail)

Chorhaupt mit den zwischen 1304 und 1311 ausgeführten Königsfenstern und dem Achsfenster mit der Darstellung der Heiligen Drei Könige

Hauptdienste setzen sich über alle drei Geschosse fort. Im Arkadengeschoss sind ihnen Skulpturen auf Konsolen unter reich ausgestatteten Baldachinen aus dem späten 13. Jahrhundert vorgesetzt; diese zeigen die zwölf Apostel sowie Christus und Maria. Den Hauptakzent im Chorschluss setzen die knapp 18 Meter hohen Obergadenfenster, die sich zu einem geschlossenen Monumentalzyklus fügen, der sich als einziger an seinem Ursprungsort erhalten konnte. 1304 begonnen und

spätestens im Jahre 1311 vollendet, sind auf abwechselnd rotem und blauem Hintergrund jeweils 24 alte und 24 junge Könige dargestellt – als Repräsentanten der 24 Ältesten der Apokalypse und der 24 Könige Judas, in ihrer Gesamtzahl den Mitgliedern des Domkapitels entsprechend. Das Mittelfenster unmittelbar oberhalb der Achskapelle, der Dreikönigskapelle (15), zeigt die Anbetung des Kindes durch die Heiligen Drei Könige. In der Kapelle selbst befindet sich das älteste und liturgisch ranghöchste Fenster des Domes: das zweibahnige *Ältere Bibelfenster* von 1260/61 (B), in dem – einem typologischen Programm folgend – zehn Szenen aus dem Leben Jesu jeweils zehn alttestamentliche Entsprechungen gegenübergestellt sind. Eine der ungewöhnlichsten Bildschöpfungen in der Kölner Glasmalerei des 14. Jahrhunderts stellt das um 1330/40 entstandene *Allerheiligenfenster* (D) in der benachbarten Johanneskapelle (14) dar, das in neun aufsteigenden Arkadenbögen ein Abbild der himmlischen Hierarchie vorstellt.

In seiner Gesamtheit weist der Dom eine Fensterfläche von 10.000 m^2 auf, in die im Laufe der Jahrhunderte immer wieder neue Glasmalereien eingelassen wurden. Prominenteste Beispiele dafür sind die Fenster im nördlichen Seitenschiff, die zu Beginn des 16. Jahrhunderts im Stil der Frührenaissance von namhaften Vertretern der Kölner Malerschule ausgeführt wurden (T), sowie die fünf großen sogenannten *Bayernfenster* im südlichen Seitenschiff (U), die von König Ludwig I. von Bayern gestiftet und 1848 zum 600-jährigen Domjubiläum eingesetzt wurden. Das jüngste im Verbund der großen Domfenster stammt von dem in Köln lebenden Künstler Gerhard Richter (R), es wurde im Jahr 2007 im Südquerhaus installiert. Das ca. 100 Quadratmeter große abstrakte Glasgemälde, das in die Nachfolge des im Zweiten Weltkrieg völlig zerstörten Fensters Kö-

links: Typologisches Dreikönigsfenster im nördlichen Seitenschiff, 1508

Mitte und rechts: Pfingstfenster/Beweinungsfenster aus dem Zyklus der sog. Bayernfenster im südlichen Seitenschiff, 1848

Gerhard Richter, Fenster im Südquerhaus, 2007

Blick in den Binnenchor mit Chorgestühl und Chorschrankenmalereien

nig Wilhelms I. von Preußen trat, setzt sich aus rund 11.500 kleinen Quadraten in 72 Tönen zusammen, mit denen der Künstler auf die bereits in der Kathedrale vorhandenen Farben Bezug nimmt.

Hinter der Vierung, in der mittelalterlichen Quellen zufolge ursprünglich der Schrein der Heiligen Drei Könige aufgestellt werden sollte und die heute der Feier der Liturgie dient, liegt der Binnenchor, dessen innerer Bereich durch hohe Schranken und Gitter von dem ihn umlaufenden Umgang abgetrennt ist. Die Außenseiten der Chorschranken (K) werden von großen Maßwerkblenden überzogen, während sich an den Innenseiten weite Partien der mittelalterlichen, in öl- und harzartiger Tempera ausgeführte Malereien erhalten haben. An der Nord- und Südseite sind jeweils drei Gemäldezyklen zu sehen, in denen das Leben von Heiligen, die in besonderer Weise dem Kölner Dom verbunden waren, dargestellt ist. Vor den Innenseiten gruppiert sich zu beiden Seiten das prachtvolle Chorgestühl (L) aus Eichenholz, das aus insgesamt 104 Sitzplätzen besteht. Zwischen 1308 und 1311 angefertigt und mit reichen Verzierungen versehen, ist es eines der größten erhaltenen mittelalterlichen Chorgestühle. Filigran geschnitzte Wangen zieren Enden und Durchgänge der Sitze in den unteren Reihen, deren Hauptschmuck aber die phantasievoll gestalteten, mitunter skurrilen Miserikordien an den Unterseiten sind. Am östlichen Ende des Hochchores steht der 1322 geweihte Hoch- bzw. Stiftsaltar, einer der größten Altäre der Christenheit, dessen Mensaplatte aus schwarzem Marmor eine Gesamtfläche von fast zehn Quadratmetern einnimmt. Auch an seinen vier Seiten ist er mit schwarzem Marmor verkleidet, dem filigrane Maßwerkarkaden aus weißem Carrara-Marmor mit Szenen aus dem Marienleben vorgeblendet sind.

Schrein der Heiligen Drei Könige, Werkstatt des Nikolaus von Verdun und nachfolgender Kölner und maasländischer Werkstätten, zwischen 1190 und 1220

Hinter dem Hochaltar befindet sich seit 1974 der aufwendig restaurierte *Schrein der Heiligen Drei Könige* (A), der zwischen 1190 und 1220 in der Werkstatt des Nikolaus von Verdun entstanden ist. In der Gestalt einer dreischiffigen Basilika angelegt, beherbergt der Schrein neben den (vermuteten) Gebeinen der Könige aus dem Morgenland die sterblichen Überreste der Märtyrer Felix und Nabor sowie des hl. Gregor von Spoleto. (Jedes Jahr zum Fest der Heiligen Drei Könige am 6. Januar wird ein Stück an seiner Vorderseite geöffnet, wodurch ein Blick auf die hinter einem Gitter liegenden drei Schädelknochen möglich ist.) Sein künstlerischer Schmuck besteht aus in Gold und in Silber getriebenen feuervergoldeten Figuren, die auffallend tief gearbeitet sind und von leuchtend farbigen Streifen aus Emailornamenten und Filigranplatten mit Steinbesatz umrahmt werden. Das Bildprogramm umfasst die Heilsgeschichte vom Anbeginn bis zum Jüngsten Gericht. Den unteren Teil des Schreins schmücken die nahezu vollplastisch gearbeiteten Sitzfiguren der Propheten, welche die (alttestamentliche) Zeit unter dem Gesetz repräsentieren, während über ihnen, in den verloren gegangenen Rundfeldern des unteren Dachs, Szenen aus dem Leben Jesu dargestellt waren. Die Apostel in der oberen Reihe stehen für die (neutestamentliche) Zeit unter der Gnade; über diesen waren einst – in die heute leeren Dreipassfenster – Szenen des Jüngsten Gerichts eingelassen. Die Stirnseite des Schreins, die von Kölner Goldschmieden in der Nachfolge des Heribertschreins mit Figuren aus purem Gold gestaltet wurde, zeigt die dreifache Erscheinung Christi: als Kind vor den „Heiden", den Heiligen Drei Königen, bei der Taufe im Jordan vor den Juden und schließlich im oberen Teil im Gericht am Ende der Tage. Auf der Rückseite, die vermutlich zwei Jahrzehnte später angefertigt wurde, ist in der unteren Zone die Passion Christi dargestellt, während in der oberen, über dem Dreiecksfeld mit der Büste Bischofs Rainald von Dassels, die Aufnahme der Märtyrersoldaten Felix und Nabor in den Himmel zu sehen ist.

Hl. Christophorus, Werkstatt des Tilmann van der Burch, um 1470

Weitere Grablegen finden sich im Chorumgang mit dem angefügten Kapellenkranz. Bemerkenswert ist die große Zahl an – meist bischöflichen – Hochgräbern, darunter der in der links der Achskapelle gelegenen Johanneskapelle (14)

Mailänder Madonna, Kölner Dombauhütte, um 1280/90, Farbfassung, Szepter und Krone um 1900

Gerokruzifix, gestiftet von Erzbischof Gero (vor 976), in dem vom Domherrn Heinrich von Mering gestifteten Kreuzaltar aus dem Jahre 1683. Korpus und Kreuz aus Eichenholz, Fassung mehrfach, zuletzt um 1900, überarbeitet

aufgestellte *Sarkophag von Erzbischof Konrad von Hochstaden* (G), des maßgeblichen Initiators des gotischen Domneubaus – während die Bischöfe der jüngeren Geschichte in der nach dem Zweiten Weltkrieg neu geschaffenen Gruft unter dem Chor bestattet sind.

Stefan Lochner, Altar der Stadtpatrone, um 1445 (Mitteltafel)

Neben dem Schrein der Hl. Drei Könige, den farbenprächtigen Fenstern des 13. bis frühen 21. Jahrhunderts und den insgesamt 40 Grabmalen und Epitaphien birgt der Dom sowohl in der Chorpartie als auch im Langhaus und den beiden Querriegeln noch eine weitere Fülle von Ausstattungsstücken: Dazu gehören als wohl prominenteste das *Gerokruzifix*, die sogenannte *Mailänder Madonna*, der *Klarenaltar*, Stefan Lochners *Altar der Stadtpatrone*, die Riesenstatue des *Hl. Christophorus* von 1470 (P) aus der Werkstatt des Tilman van der Burch am südlichen Chorumgang sowie im Südquerhaus der spätgotische *Agilolphusaltar* (O), der einst den Hochaltar der östlich vom Dom gelegenen Kirche St. Maria ad Gradus schmückte.

Neben dem Dreikönigsschrein ist das frühmittelalterliche *Gerokruzifix* (J) – die erste erhaltene Monumentalfigur des gekreuzigten Christus überhaupt – das einzige Kunstwerk, das bereits zum Inventar des Alten Domes gehört hat. Am Ende des 10. Jahrhunderts von Erzbischof Gero gestiftet, hing die lebensgroße, vollplastisch durchgebildete Darstellung des Gekreuzigten vermutlich in einem der beiden Chöre. Im neuen Dom wurde das Kreuz zunächst über dem Altar der Stephanuskapelle angebracht, dann kam es um 1350 an seine heutige Stelle an der Ostwand in der Kreuzkapelle. Zum ursprünglichen Kruzifixus gehören nur der Korpus und die Kreuzesbalken, während es sich bei der Strahlensonne hinter dem Kreuz und dem Marmoraltar um barocke Hinzufügungen aus dem Jahre 1683 handelt.

Der Klarenaltar in der sog. Hochfeiertagsöffnung, 1350/60 (ehem. Franziskanerinnenklosterkirche St. Clara in Köln)

In der Marienkapelle im südlichen Chorumgang steht die sogenannte *Mailänder Madonna* (M), eine farbig gefasste Holzskulptur, die um 1280/90 in der Kölner Dombauhütte angefertigt wurde. Ihren Namen verdankt die von einer höfischen Eleganz geprägte Statue einer Vorgängerin, die Rainald von Dassel zusammen mit den Gebeinen der Heiligen Drei Könige aus Mailand mitgebracht hatte und die beim Brand des Alten Domes zerstört worden war. Die Farbfassung der Figur sowie Kronen und Zepter stammen von einer Restaurierung im späten 19. Jahrhundert. Ebenfalls in der Marienkapelle aufgestellt ist heute das sogenannte Dombild, der *Altar der Stadtpatrone* (N), das Hauptwerk Stefan Lochners. Das Altarretabel mit der Darstellung der Kölner Stadtpatrone wurde um 1445 für die Ratshauskapelle gemalt und in der Folge der Säkularisation im Jahre 1810 durch den Kölner Kanonikus und Kunstsammler Ferdinand Franz Wallraf in den Dom übertragen. Mit dem Flügelaltar, vor dem jede Ratssitzung mit einer Messe begonnen wurde, huldigte die selbstbewusste Kölner Bürgerschaft ihrem göttlichen Herrn, vertreten durch die Muttergottes und die Heiligen Drei Könige mitsamt ihrem Gefolge im Mittelteil sowie die beiden Stadtpatrone St. Ursula und St. Gereon auf den Seitenflügeln. Im Gegensatz zur Detailfreudigkeit und Farbenpracht der Innenseiten, ihren kostbaren Stoffen, Bro-

„Die Allerheiligste Dreifaltigkeit" auf der Rückseite des Klarenaltars, Wilhelm Mengelberg, 1905

Römischer Keller, 2./3. Jahrhundert. Ausgrabung am Fundament des Südturmes

katen und Edelsteinen, befindet sich auf den Außenflügeln eine in einem gedämpften Kolorit gehaltene Verkündigungsdarstellung, die nur bei der Schließung des Altars in den jeweils letzten Wochen der Advents- und der Fastenzeit zu sehen ist.

Am westlichen Schnittpunkt zwischen nördlichem Seitenschiff und Nordquerhaus steht der *Klarenaltar* (S), der ursprünglich in der Franziskanerinnenkirche St. Clara aufgestellt war und nach deren Säkularisation und Abriss in den Dom verbracht wurde. Den um 1350/60 entstandenen Flügelaltar schmücken insgesamt 25 Skulpturen und 36 Bildtafeln, letztere wurden bereits um 1400 übermalt. Die großformatige Dreifaltigkeitsdarstellung auf der dem Nordquerhaus zugewandten Rückseite wurde ein halbes Jahrtausend später, im Jahre 1905, von dem deutsch-niederländischen Bildhauer und Maler Wilhelm Mengelberg im Stil der Neugotik ausgeführt. Der aus einem Schreinkasten mit einem vorkragenden Mittelteil bestehende Altar wird von einem doppelten Flügelpaar verschlossen, sodass drei unterschiedliche Öffnungszustände möglich sind: An den meisten Tagen im Jahr ist die mittlere Öffnung, die sogenannte „Feiertagsöffnung", zu sehen, die jeweils in der unteren und der oberen Zone Szenen aus der Kindheit Jesu und der Passionsgeschichte präsentiert. Während sich der Altar im geschlossenen Zustand auf die Darstellung von zwölf Heiligen in roten Nischen beschränkt, entfaltet er in der sogenannten „Hochfeiertagsöffnung" mit den zwölf Reliquienbüsten in der unteren und den zwölf Apostel-Statuetten in der oberen Reihe seine ganze Pracht.

An der Ostseite des Nordquerhauses befindet sich die im Jahre 2000 neu eröffnete *Domschatzkammer* (8), in die ein von dunklen Bronzeplatten umhüllter Kubus führt. Sie beherbergt in ihren drei unterirdischen Geschossen auf ca. 500 Quadratmetern Ausstellungsfläche neben fränkischen Grabfunden, mittelalterlichen Skulpturen und Handschriften eine Vielzahl von liturgischen Geräten, Reliquiaren, Paramenten sowie Insignien der Erzbischöfe und Domgeistlichen vom 4. bis zum 20. Jahrhundert. Im Zusammenspiel der historischen Gewölberäume, in denen sich noch Reste der römischen Stadtmauer sowie Säulen vom karolingischen Vorgängerbau erhalten haben, mit einer modernen Ausstellungsarchitektur vermittelt sich hier dem Besucher ein eindrucksvoller Überblick über die wechselvolle Geschichte der großen Kathedrale. Vor dem Südturm steht seit 2009 ein flacher, zweigliedriger Eingangspavillon, der zugleich nach unten und nach oben führt – nach unten zu den archäologischen Ausgrabungen mit einem freigelegten römischen Keller und den Fundamentmauern des Südturms, nach oben über 532 Stufen auf die Aussichtsplattform des Südturms, von der sich ein grandioser Ausblick auf die Domstadt in alle vier Himmelsrichtungen bietet.

Kirchen der Innenstadt

- Alt St. Alban
- St. Andreas
- Antoniterkirche
- St. Aposteln
- St. Cäcilien
- St. Georg
- St. Gereon
- St. Johann Baptist
- Kartäuserkirche
- St. Kolumba
- St. Kunibert
- St. Maria Ablass
- St. Maria im Kapitol
- St. Maria Lyskirchen
- Groß St. Martin
- Klein St. Martin
- Minoritenkirche
- St. Pantaleon
- St. Peter
- St. Severin
- St. Ursula

Alt St. Alban

Urkundlich wurde St. Alban erstmals im Jahre 1172 erwähnt; von dieser dreischiffigen Pfeilerbasilika der Stauferzeit sind jedoch nur noch geringfügige Überreste im Mauerwerk von Turm und Südkonche erhalten. Das Langhaus wurde gegen Ende des 15. Jahrhunderts gotisch umgebaut, der Nordturm erhielt seine romanisierenden Formen im Jahre 1494. Weitere Umbauten erfolgten im 17. Jahrhundert, als die dreischiffige Basilika mit polygonalem Chorabschluss nach Süden erweitert und zu einer dreischiffigen Hallenkirche mit Stern- und Netzgewölbe im Stil des Barock umgebaut wurde. Zu weiteren Veränderungen kam es dann im 19. Jahrhundert, als im Zuge einer umfangreichen Instandsetzung Turm und Westfassade dem Zeitgeschmack entsprechend umgestaltet wurden. Die Kirche erlitt im Zweiten Weltkrieg starke Zerstörungen, und man verzichtete danach auf einen Wiederaufbau. Schließlich ging die inzwischen aufgegebene Pfarrkirche in einer Tauschaktion ins Eigentum der Stadt Köln über, die sich gegenüber dem Erzbistum zur Restaurierung des Turmes und zur Errichtung eines Andachtsraums verpflichtete. In den Jahren 1957–1958 kam es im nördlichen Bereich des Stadtgartens zum Bau einer neuen, dem Patrozinium des hl. Alban geweihten Pfarrkirche, deren Mauern aus Trümmerziegeln des alten Opernhauses zusammengefügt wurden.

Christus zwischen Maria und Martha, Fassadenrelief von Alexander Iven, 1896

Die in Teilen in den benachbarten Gürzenich integrierte Kirche ist heute Ruine und wird als solche instand gehalten und konserviert. Sie dient darüber hinaus als Gedenkstätte für die Toten der beiden Weltkriege: So steht (nur durch ein Gittertor zu besichtigen) im Inneren seit dem Jahre 1959 die Figurengruppe des *Trauernden Elternpaars* von 1953 aus der Werkstatt des Bildhauers Ewald Mataré, die ihrerseits eine verkleinerte Nachbildung eines Denkmals von Käthe Kollwitz aus dem Jahre 1931 ist.

Trauerndes Elternpaar, Figurengruppe von Ewald Mataré, 1953

Relativ gut erhalten haben sich die Außenmauern des im späten 15. Jahrhundert erneuerten Nordturms; dieser wird durch Lisenen, Rundbogenfenster und Blendarkaden gegliedert und schließt mit einem neuzeitlichen flachen Zeltdach ab. Vom Kirchengebäude sind lediglich die Pfeiler, Gurt- und Scheidbögen der Halle und der Apsiden mit ihren spitzbogigen Fensteröffnungen übriggeblieben, ebenso wie die historistische Figurengruppe unterhalb des großen spitzbogigen Westfensters. Angefertigt wurde das im Stil der Neugotik gehaltene Skulpturenensemble im Jahre 1896 vom Kölner Bildhauer Alexander Iven, aus dessen Atelier auch das Grabmal von Erzbischof Rainald von Dassel im Kölner Dom stammt.

Nordturm und Westfassade

St. Andreas

Nur zwei Minuten vom Dom entfernt steht die heute den Dominikaner-Orden beherbergende ehemalige Chorherren-Stiftskirche St. Andreas, die – ähnlich wie St. Aposteln und St. Georg – bis ins frühe 12. Jahrhundert noch vor den Mauern Kölns, im sogenannten Stadtgraben, lag. So trug auch die zwischen dem 7. und 9. Jahrhundert errichtete Vorgängerkirche den Namen „St. Mattheus in fossa“ (im Graben). Als Erzbischof Bruno I. an gleicher Stelle um die Mitte des 10. Jahrhunderts ein Chorherren-Stift mit Kanonikern aus St. Maria im Kapitol ins Leben rief, begründete er einen Kirchenneubau, der 974 von seinem Nachfolger Gero dem Apostel Andreas geweiht wurde. Aus dieser Zeit ist heute nichts mehr überliefert. Demgegenüber konnten sich vom salischen Nachfolgebau aus der Mitte des 11. Jahrhunderts – einer dreischiffigen Basilika mit Querhaus und quadratischer Vierung mit anschließendem Langchor und Apsis über einer Krypta – noch einzelne Teile der Umfassungsmauern an der Ostwand der Unterkirche erhalten. Die dreischiffige Basilika mit Westquerbau, Vierung, achtseitigem Turm, Querflügeln und Langchor in ihrer heutigen Gestalt ist Resultat der staufischen Umbaumaßnahme, die zwischen 1190 und 1220 aus-

Ansicht von Osten, um 1915

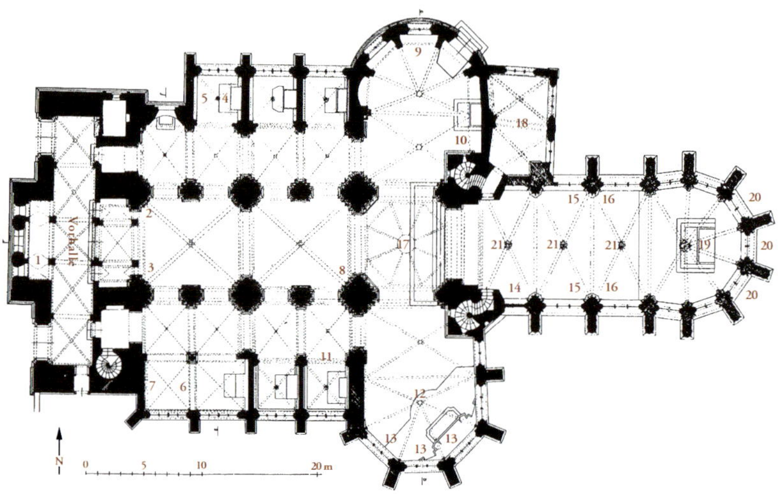

1 *Sog. Blutbrunnen*
2 *Hl. Michael*
3 *Hl. Christophorus*
4 *Marienlebenfresko*
5 *Christophorusfresko*
6 *Triptychon der Rosenkranzmadonna*
7 *Flügelaltar v. Bartholomäus Bruyn d. Ä.*
8 *Rosenkranzmadonna*
9 *Pietà*
10 *Martyrium des hl. Andreas*
11 *Marienfresko*
12 *Machabäerschrein*
13 *Machabäerfenster von Markus Lüpertz*
14 *Sakramentshaus*
15 *Chorgestühl*
16 *Konsolen*
17 *Krypta mit Albertus-Magnus-Sarkophag*
18 *Sakristei*
19 *Hochaltar*
20 *Hist. Glasfenster*
21 *Schlusssteine*

geführt wurde. Den Schlusspunkt dieser einschneidenden Bauphase setzte die Vollendung des Westquerbaus im Jahre 1245, als auf der Empore der Michaelsaltar geweiht wurde.

Die nächste Veränderung am Baukörper erfolgte um das Jahr 1300, als man an den Seitenschiffen Kapellen anbaute, die aufgrund ihrer Öffnung zu einer deutlichen Vergrößerung des Kircheninneren beitrugen. Die markanteste Veränderung des Innenraums fand schließlich zwischen 1414 und etwa 1420/25 statt, als man – nach dem einhundert Jahre älteren Vorbild von St. Ursula – den romanischen Chor durch einen gotischen, von großen Maßwerkfenstern durchleuchteten Langchor ersetzte. Im Zuge dieser Baumaßnahme verschwand auch die salische Krypta. Der südliche Querarm wurde im ausgehenden 15. Jahrhundert vollständig gotisiert, während der nördliche oberhalb der staufischen Konche einen Oberbau mit höherem Gewölbe und einem 5/8-Schluss erhielt, wobei er Teile der spätromanischen Wandgliederung beibehielt. Einst schlossen an die Querhäuser Vorhallen an, von denen sich nur die nördliche als Sakristei erhalten hat. Zu einer erneuten Umgestaltung kam es dann in der zweiten Hälfte des 18. Jahrhunderts, als man, um für einen barocken Hochaltar die entsprechende Rückwand zu schaffen, die gotischen Farbfenster zumauerte – eine Maßnahme, die man im Laufe des 19. Jahrhunderts schrittweise revidierte, indem die Fenster wieder geöffnet und neue Scheiben eingesetzt wurden. Dementsprechend sind die heutigen Fenster des Chorpolygons Neuschöpfungen des Historismus, die – da sie ausgelagert wurden – die Bombardements des Zweiten Weltkriegs unbeschadet überstehen konnten. Insgesamt waren die Kriegszerstörungen im Vergleich zu den anderen Kölner Kirchen verhält-

Ansicht von Osten

Spätromanische Wandpartien am Übergang vom gotischen Südquerhaus zum gotischen Langchor

Vierungsturm

nismäßig gering, sodass in St. Andreas bereits im Jahre 1947 wieder Gottesdienst gefeiert werden konnte.

In seinem heutigen Erscheinungsbild präsentiert sich das Gotteshaus als ein wohlausgewogenes Zusammenspiel von romanischen mit gotischen Bau- und Stilformen. Überragt wird der aus Westquerhaus, Langhaus, Querhaus, Vierung und Langchor bestehende Baukörper vom zweigeschossigen Oktogon des 1956 wiederhergestellten Vierungsturms. Dieser wird in seinem unteren Geschoss durch leicht spitzbogige, in seinem oberen Geschoss durch rundbogige Fensteröffnungen gegliedert, über denen sich der auf acht Dreiecksgiebeln aufsitzende Falthelm erhebt. Den Abschluss im Westen bildet ein Querriegelbau, der in seinem Inneren zweigeschossig angelegt ist. Bei die-

Ansicht von Osten

sem, heute zur Vorhalle umfunktionierten länglichen Raum handelt es sich eigentlich um den Ostflügel des ehemaligen Kreuzgangs, der, da er in den Westbau der Kirche integriert war, den Abbrüchen in der Folge der Säkularisation entgehen konnte. Von ungewöhnlicher Gestalt sind die in Reihe gesetzten ausgezackten Gurtbögen, die wie Zitate aus der maurisch-arabischen Architektur anmuten; ähnliche Formulierungen finden sich gleichfalls im nördlichen Seitenschiff von St. Ursula. Unmittelbar im Eingangsbereich der Vorhalle steht heute der sogenannte *Blutbrunnen* (1) aus dem frühen 16. Jahrhundert, ein mit Blendmaßwerk geschmücktes achteckiges Steingefäß von 1,35 Metern Höhe. Das Reliquiengefäß, das ursprünglich in der Machabäerkirche stand, soll der Legende nach das Blut der elftausend Jungfrauen aus dem Gefolge der hl. Ursula aufgenommen haben – es war zugleich ein wichtiges Zeugnis des mittelalterlichen Jungfrauenkults, der außer im Ursula-Stift auch im Benediktinerinnenkloster zu den hl. Machabäern intensiv gepflegt wurde.

Das anschließende kurze dreischiffige Langhaus besteht nur aus zwei nahezu quadratischen Jochen mit jeweils zwei Seitenschiffjochen im gebundenen System. Der Wandaufbau des Mittelschiffs wird durch zwei Gruppen stark gegliederter Pfeilerbündel akzentuiert; während sich die untere Wandzone in gestuften Rundbogen zu den Seitenschiffen öffnet, ist in die obere Wandzone jeweils ein Nischentriforium eingelassen, das aus einer Bogenreihe auf Pfeilern mit begleitenden Säulen besteht. Darüber liegen die von einem Schildbogen gerahmten Dreiergruppen der Obergadenfenster, die am Ende des 19. Jahrhunderts nach originalen Vorlagen rekonstruiert worden sind. Von der stauferzeitlichen Seitenschiffgliederung mit den charakteristischen Rundfenstern in Muldennischen hat sich einzig das westliche Joch des Nordschiffs erhalten.

Vorhalle, ehem. Ostflügel des Kreuzgangs

links oben: Westfassade

Sog. Blutbrunnen, Anfang des 16. Jahrhunderts (aus dem 1802 aufgehobenen Benediktinerinnenkloster zu den heiligen Machabäern)

rechte Seite: Blick in Vierung und Langchor

rechts: Blick ins Mittelschiff-Gewölbe

links: Blick in den nördlichen Obergaden

Bemerkenswert ist der staufische Bauschmuck an den Kapitellen und am Fries über den seitlichen Arkaden, der eine enorme Fülle von Tier- und Pflanzendarstellungen aufweist: Ranken- und Laubwerkmotive, Palmettenfriese, Kapitelle mit Vögeln und Fabeltieren, Schlusssteine in Form abgehängter Kugelfrüchte. Einzelne, besonders kunstvoll ausgestaltete Exemplare des mittelalterlichen Bauschmuckes haben sich im Bereich des Langchores oberhalb des prachtvollen, aus Eiche geschnitzten Chorgestühls (15) aus der Zeit um 1430 erhalten. Bei diesen handelt es sich um eine Gruppe von vier figürlichen Konsolen (zwei musizierenden Engeln sowie zwei knienden Prophetenfiguren), über denen die Dienste des gotischen Chores ansetzen (16). Hier befindet sich ebenfalls auf der Südseite das um 1550 gefertigte und im Stil der südniederländischen Renaissance gehaltene vier Meter hohe Sakramentshaus (14), in dessen mittlerem Geschoss ein Tabernakel, ein vergitterter Wandschrank, eingelassen ist. Das Gewölbe des Chores schmücken in der Tradition der Kölner Dombauhütte stehende figürliche Schlusssteine: Christus Salvator, die Gottesmutter in apokalyptischer Gestalt, St. Andreas und St. Matthäus (21).

Engelskonsole (Dienstkonsole im Langchor)

Chorgestühl, um 1430

Von hohem kulturhistorischen Wert sind die beiden original erhaltenen mittelalterlichen Wandfresken im nördlichen Seitenschiff, die Malereifragmente im südlichen Seitenschiff und auf zwei Pfeilern im Mittelschiff sowie die zahlreichen Tafelmalereien und Holzskulpturen, die sich an den Wänden von Langhaus und den beiden Querarmen befinden. In großem Maßstab gehalten ist das *Marienlebenfresko* aus dem Jahre 1325 (4), das die gesamte Ostwand der westlichen Kapelle im nördlichen Seitenschiff ausfüllt. Es

Marienleben, Wandfresko in der westlichen Kapelle des nördlichen Seitenschiffs, 1325

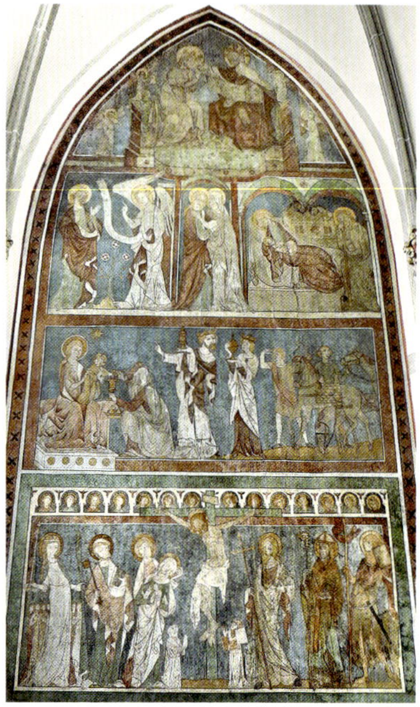

zeigt auf vier Bildebenen Szenen aus dem Marienleben, die ihren Abschluss und Höhepunkt in der Marienkrönung im oberen Bogenfeld finden. Ein ebenfalls monumentales Fresko schmückt die gegenüberliegende Seite mit der über sieben Meter hohen Darstellung des *hl. Christophorus* (5), dem man ein zweites Mal – und zwar in Gestalt einer, ebenfalls überlebensgroßen, Skulptur (3) – direkt am Eingang begegnet. Sie wurde vermutlich gegen Ende des 15. Jahrhunderts in der Werkstatt des Kölner Bildhauers Tilman van der Burch geschnitzt. Aus der gleichen Werkstatt stammt auch der in eleganter zeitgenössischer Kleidung dargestellte *hl. Michael* (2) am nordwestlichen, unterhalb der Empore ansetzenden Eckpfeiler des Mittelschiffs, der um 1470 nach Kupferstichen des spätgotischen Kupferstechers Israel van Meckenem angefertigt wurde. Etwa einhundert Jahre älter ist die *Pietà* (9) im nördlichen Querhaus, die zusammen mit der *Rosenkranzmadonna* (8) am südwestlichen Vierungspfeiler aus der im Jahre 1804 zerstörten Dominikanerklosterkirche nach St. Andreas verbracht wurde. Zu dieser Translation gehörte auch das von der Kölner Rosenkranzbruderschaft im frühen 16. Jahrhundert in Auftrag gegebene *Triptychon der Rosenkranzmadonna* (6) in der westlichen Kapelle des Südschiffs, das aus der Werkstatt des Meisters von St. Severin stammt. Der dreiflügelige Altar zeigt auf seiner Mitteltafel die Muttergottes mit dem Jesusknaben, der mit dem Rosenkranz an ihrem Hals spielt, während auf den Seitentafeln die hll. Dominikus und Petrus Martyr unter ihren Mänteln eine große Zahl von geistlichen und weltlichen Würdenträgern der Zeit

l.u.: Hl. Christophorus, Werkstatt Tilman van der Burch, 1470/80, Farbfassung 19. Jahrhundert

r.u.: Hl. Michael, Werkstatt Tilman van der Burch, um 1470, Farbfassung 19. Jahrhundert

Martyrium des Kirchenpatrons St. Andreas, ehem. Altarblatt vom barocken Hochaltar, gemalt von Bernard Fuckerad, 1658–1662

Triptychon der Rosenkranzmadonna, Meister von St. Severin, 1500/1510

versammeln; auf den inzwischen abgetrennten und seitlich montierten Außenseiten sind die hll. Dorothea und Cäcilia dargestellt. Auf der gegenüberliegenden Wand befindet sich der wahrscheinlich im Jahre 1542 geweihte *Flügelaltar* von Bartholomäus Bruyn d. Ä. (7), dessen Mitteltafel den Gekreuzigten zusammen mit Maria, Johannes und Maria Magdalena zeigt. Für längere Zeit im Hochchor aufgestellt, befindet er sich heute wieder an seinem vermutlich angestammten Platz. Ebenfalls im Hochchor hing einst das Gemälde mit dem *Martyrium des Kirchenpatrons Andreas* (10), das heute im nördlichen Querarm aufbewahrt wird. Das zwischen 1658 und 1662 vom Jesuiten Bernard Fuckerad gemalte Altarblatt war Bestandteil des barocken Hochaltars, der den gotischen Chor vom Langhaus abtrennte. Das Gemälde zeigt in dramatisch inszenierter Manier das Martyrium des hl. Andreas, der – wie in der Legenda Aurea des Jacobus de Voragine beschrieben – an ein schräg gestelltes Kreuz, das sogenannte Andreaskreuz, gebunden wurde und trotz seiner Schmerzen weiter zu den Menschen predigte.

Den im Osten an die baldachinartige Vierung anschließenden Langchor mit

l.u.: Pietà, Holz, H. 140 cm, 2. Hälfte 14. Jahrhundert

r. u.: Rosenkranzmadonna (südwestlicher Vierungspfeiler), kölnisch, um 1475

Markus Lüpertz, Machabäer-Fensterzyklus im Südquerhaus

links oben: Achsfenster (Fenster 4) des Machabäerzyklus

rechte Seite: Krypta

dem spätgotischen Holzschrein, der eine Reliquie des Apostels Andreas aufbewahrt, schmücken heute wieder – in der Art eines gläsernen Schreins – große farbige Glasfenster (20). Sie wurden im ausgehenden 19. Jahrhundert an der Stelle der spätgotischen Fenster eingesetzt, die man im Barock zugemauert hatte, um dem Hochaltar eine entsprechende Rückwand zu geben. Angefertigt wurden die drei Hauptchorfenster im Jahre 1899 von der in Köln-Lindenthal ansässigen „Glasmalerei-Anstalt" Schneiders und Schmolz, die sich um eine Ausführung im Stile der Zeit um 1500 bemühte; bei den westlich anschließenden Fenstern handelt es sich um moderne Ergänzungen. Ein weiterer großer Glasfenster-Zyklus befindet sich im südlichen Querarm, dem sogenannten Machabäer-Chor. Die im Jahre 2008 vollendete Folge von sieben Glasbildern des Malers und Bildhauers Markus Lüpertz umschließt den spätgotischen, in Gold gefassten Machabäer-Schrein von 1520/25, der die Reliquien der sieben alttestamentlichen jüdischen Märtyrer enthält (12). Ursprünglich im Benediktinerinnenkloster zu den heiligen Machabäern aufbewahrt, wurde er, ebenso wie der Blutbrunnen in der Vorhalle, während der Säkularisation nach St. Andreas verbracht. Der vergoldete Schrein ist auf den Langseiten und Dachschrägen mit getriebenen Reliefplatten verziert, während die Giebelseiten als großflächige Reliefs, die von vollplastischen Figuren flankiert werden, ausgebildet sind. Dargestellt werden Begebenheiten aus der Legende und dem Martyrium der Machabäerbrüder, die mit Stationen aus der Passion Christi in einen typologischen Zusammenhang gesetzt sind. Gleichfalls thematisch aufeinander bezogen sind die Darstellungen auf den Stirnseiten, die jeweils die Himmelfahrt Christi und der Machabäerbrüder sowie die Krönung Mariens und der Machabäermutter zeigen. Auf den Ecken des Dachgesimses sitzen die vier Evangelisten, an ihren Symbolen Adler, Engel, Löwe und Stier erkenntlich.

Parallel zum Schrein greift Markus Lüpertz in seinen Glasfenstern (13) die Thematik des Martyriums der machabäischen Brüder auf und stellt sie gleichfalls typologisch der Leidensgeschichte Jesu gegenüber. So zeigt das zentrale Achsfenster im unteren Bereich die geschmückten Häupter der sieben Machabäerbrüder und ihrer Mutter Salome, wobei ein Haupt – als Verweis auf die Shoah, den Holocaust – in Form eines gelben Davidsterns ausgebildet ist; im oberen Teil ist Maria als Himmelskönigin mit den Symbolen der Heiligen Dreifaltigkeit dargestellt, als Symbol ihrer Erlösung.

Machabäerschrein, 1520/25

Von den Querhäusern führt jeweils ein Abgang in die Krypta (17), die sich anhand der Bauformen ins 11. Jahrhundert datieren lässt. Der während des gotischen Umbaus zugeschüttete unterirdische Raum konnte in den 1950er-Jahren wieder freigelegt werden, und es entstand unter der Leitung des Architekten Karl Band eine völlig neue Krypta, in der die übrig gebliebenen salischen Fundamente mit modernen Bauformen – wie den flachen Lichtkuppeln in der von dünnen Säulen getragenen Betondecke – in gelungener Synthese zusammengeführt wurden. Seit dieser Zeit dient die Krypta auch als Grablege für den großen mittelalterlichen Philosophen und Theologen Albertus Magnus, der am 15. November 1280 in Köln verstorben ist. Seine sterblichen Überreste, die im 19. Jahrhundert aus der nahe gelegenen Dominikanerkirche nach St. Andreas überführt wurden, ruhen heute in einem aus St. Ursula stammenden römischen Sarkophag, der genau unter dem Altar der Vierung steht.

rechts: Grablege Albertus Magnus († 1280)

Antoniterkirche

1 *Spätgotisches Glasfenster*
2 *Romanisches Taufbecken*
3 *„Schwebender" von Ernst Barlach*
4 *Schlusssteine*

An einer der belebtesten Straßen der Stadt, der Schildergasse, steht die evangelische Antoniterkirche, heute Citykirche, deren Ursprünge in die zweite Hälfte des 14. Jahrhunderts zurückreichen. Zwischen 1350 und 1378 hatten die Antoniter-Chorherren auf dem früheren Grund des Bettelordens der Sackbinder, der ihnen nach dessen Auflösung übergeben worden war, ein Kloster mit einer Kirche errichtet, die im zeittypischen Stil einer gotischen Bettelordenskirche angelegt war: als eine dreischiffige kreuzrippengewölbte Basilika mit polygonalem Chorschluss, die anstelle eines Westturms einen schlichten Dachreiter aufwies. In den folgenden Jahrhunderten in seiner baulichen Gestalt kaum verändert, wurde das Gotteshaus im Zuge der Säkularisation im Jahre 1802 mitsamt den angrenzenden Klostergebäuden aufgelassen und den bis dahin „heimlichen" evangelischen Gemeinden in Köln zugesprochen. Diese konnten hier drei Jahre später – am 19. Mai 1805, am Sonntag Rogate – ihren ersten offiziell genehmigten Gottesdienst in den Mauern der Stadt feiern. Die notwendige Um- und Ausgestaltung der Ordens- zu einer evangelischen

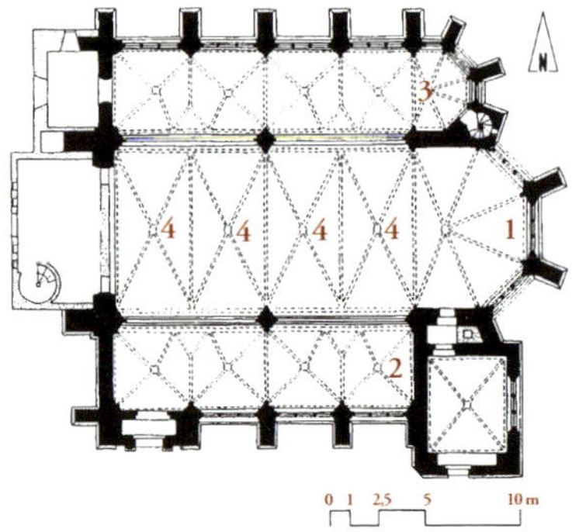

Predigtkirche lag in den Händen des Kölner Kunstsammlers und Kanonikers Ferdinand Franz Wallraf; er ließ Emporen in den Seitenschiffen einziehen sowie das erste und dritte der frei stehenden Pfeilerpaare entfernen, um eine freie Sicht auf den Altarraum im Osten zu ermöglichen. Im Zuge der Vergrößerung des Kirchenraums entstand im Westabschluss eine weitere Empore, die Platz für die Orgel und die Schola bot. Bei einer Renovierung des Kircheninneren im Jahre 1896 wurden die von Wallraf vorgenommen Einbauten wieder entfernt, der Innenraum erhielt eine neue Fassung.

Seit dem Wiederaufbau nach dem Zweiten Weltkrieg präsentiert sich die Antoniterkirche heute als ein dreischiffiger, querhaus- und turmloser Sakralbau zu vier Jochen, der von einem steil abfallenden Satteldach mit aufgesetztem Dachreiter bekrönt wird. Der das Kirchenschiff gerade abschließende Westteil ist äußerst schlicht gehalten, da die dichte Einbindung in die Straßenrandbebauung eine aufwendigere Architektur im Sinne einer baukünstlerischen Ausgestaltung nicht erforderlich machte. (Seit 2005 befindet sich in unmittelbarer

Wasserspeier am südlichen Seitenschiff

Nachbarschaft das vom italienischen Architekten Renzo Piano errichtete sogenannte Weltstadthaus, dessen gläserner Korpus mit der spätgotischen Kirche in einen spannungsreichen Dialog tritt.) Nach Osten schließt an das Langhaus, das durch vier Strebepfeiler gegliedert wird, ein fünfseitiges Chorhaupt an, dessen Schema sich im benachbarten nördlichen Nebenchor im verkleinerten Maßstab wiederholt. Im Süden erhebt sich anstelle eines entsprechenden Nebenchors die quer zur Längsrichtung gestellte Sakristei.

Die zurückhaltende Gestalt des Äußeren findet ihre Fortsetzung im Kircheninneren, das 1979/80 eine neue, an der mittelalterlichen Vorgabe sich orientierende Farbfassung erhielt. Mittelschiff und das Chorhaupt fügen sich zu einer einzigen Halle, deren Jocheinteilung der Positionierung der Langhausstreben am Außenbau entspricht; sie ist unverkennbar auf den Altarraum ausgerichtet, worin sich der Gedanke eines auf die Predigt hin konzipierten Gebäudes widerspiegelt. Ganz im Sinne einer Bettelordenskirche wurde auch im Innenraum auf jegliche Bauzier verzichtet – mit Ausnahme der vier Schlusssteine im Mittelschiff (4). Diese sind als glatte Scheiben gestaltet und jeweils mit einem Emblem der christlichen Lehre geschmückt: Im westlichen Joch erscheint AΩ als Kürzel für das in der Johannes-Offenbarung niedergeschriebene Alpha und Omega, das Erste und das Letzte; der anschließende Schlussstein trägt das Monogramm ☧; darauf folgt

Ansicht von Nordwesten; rechts das sog. Weltstadthaus von Renzo Piano

l. o.: Blick in den Altarraum; rechts außen das romanische Taufbecken, links außen Ernst Barlachs Schwebender von 1926727

r. o.: Der Kreuzestod Christi, Glasfenster im Chorhaupt, um 1520

weiter nach Osten als Verweis auf den Antoniter-Orden das T(au), das sogenannte Krucken- oder Hammerkreuz, und den Abschluss bildet im Chor der Schlussstein mit den Buchstaben IHS, als Abkürzung für den Namen Jesus bzw. die den Sieg des Christentums verkündenden Worte „In Hoc Signo".

Das älteste Ausstattungsstück in der Kirche ist ein romanisches Taufbecken (2), das wohl einst zur ehemaligen Pfarrkirche St. Brigida gehörte und im Jahre 1934 als Leihgabe aus dem Museum Schnütgen an die Antoniterkirche übergeben wurde. Die im 12. Jahrhundert aus Namurer Blaustein gefertigte Schale trägt an der Peripherie des Schalenrunds vier grimmig in den Raum blickende Köpfe, denen, zusammen mit den vier im Relief wiedergegebenen Fabelwesen, eine apotropäische, d.h. das Böse abwehrende, Funktion zukommt. Vom eigenen Kircheninventar konnten sich lediglich drei Werke erhalten, von denen wiederum nur eines vor Ort verblieben ist: die untere Partie des um 1520 angefertigten mittleren Glasfensters im Chorhaupt (1). Die farbenreiche und äußerst eindringlich gehaltene Glasmalerei zeigt den Kreuzestod Christi, mit seiner Mutter Maria und dem hl. Johannes zu Füßen des Kreuzes. Während Maria Magdalena mit schmerzensreicher Gebärde die Füße des Gekreuzigten umfasst, fangen zwei Engel das aus den Händen rinnende Blut in Kelchen auf. Ganz unten am Kreuz liegt der Schädel Adams, als Verweis auf die Grabesstätte Golgatha, wo der Legende

Taufbecken, 12. Jahrhundert

Kopf am Taufbecken

Ernst Barlach, Schwebender, Bronze 1926/27 (Zweitguss)

nach das Kreuz aufgestellt worden ist, um Adams Sünde durch den Kreuzestod zu sühnen.

Im nördlichen Nebenchor hängt die Bronzeplastik *Schwebender* von Ernst Barlach (3), die der Bildhauer 1926/27 für den Dom im mecklenburgischen Güstrow als Ehrenmal für die gefallenen Soldaten des Ersten Weltkriegs geschaffen hatte. Die Figur, welche die Gesichtszüge von Käthe Kollwitz trägt, schwebt in waagerechter Position, etwa in Augenhöhe des Betrachters. Bei der in der Kirche im Jahre 1952 angebrachten Plastik handelt es sich um einen Zweitguss, der 1942 vom Originalmodell aus Gips angefertigt wurde, nachdem das Original von den Nationalsozialisten für Kriegszwecke zerstört worden war. Ein von diesem Zweitguss abgenommener weiterer Abguss konnte 1953 der Domgemeinde in Güstrow übergeben werden.

St. Aposteln

Eine erste Nachricht über eine Kirche mit dem Patrozinium der zwölf Apostel ist aus dem 10. Jahrhundert überliefert. Das Gotteshaus lag damals noch vor den Mauern der Stadt, d. h. direkt vor der römischen Stadtmauer am westlichen Haupttor, und hatte vermutlich die Gestalt eines schlichten Saalbaus. Im ersten Drittel des 11. Jahrhunderts gründete Erzbischof Pilgrim (1021–1036) an gleicher Stelle ein Chorherrenstift und begann mit der Errichtung einer deutlich größeren Kirche, die er zugleich als seine Grabstätte vorsah. Der Bau hatte die Form einer dreischiffigen, flachgedeckten Pfeilerbasilika mit zwei Chören und war mit einer Länge von 64 Metern nach dem Dom und St. Pantaleon der drittgrößte Sakralbau Kölns. Während der im salischen Bau weniger bedeutende Ostchor, über dessen Aussehen nichts mehr bekannt ist, dem Patrozinium der Gottesmutter Maria unterstand, lag der den Aposteln geweihte Hauptchor über einer Krypta im Westen. Hier in der Westvierung, die damals erhöht und von Chorschranken umgeben war, befand sich auch das Gestühl der Chorherren, das sich um das Stiftergrab herum anordnete.

Ansicht von Osten, um 1915

1 *Schmerzensmann*
2 *Mosaik*
3 *Taufbecken*
4 *Paulus*
5 *Petrus*
6 *Gruppe der 14 Nothelfer*
7 *Marienaltar*
8 *Epitaph der Familie Wolff*
9 *Hl. Georg*
10 *Katharienenaltar*
11 *Madonna*
12 *Hl. Heribert*
13 *Apostelretabel*
14 *Hl. Michael (Gemälde)*

Der Pilgrimbau wurde mit dem Beginn des 12. Jahrhunderts mehrmals verändert bzw. erweitert, wobei sich der liturgische Schwerpunkt allmählich von der westlichen in die östliche Chorpartie verlagerte. Kurz nach 1150 entstand über der erneuerten Krypta der fünfgeschossige, von zwei halbrunden Treppentürmen flankierte Westturm, der die beachtliche Gesamthöhe von 67 Metern erreicht und deshalb im Volksmund auch „Apostelklotz" genannt wird. Der Westpartie wurde ein halbes Jahrhundert später der über dem schlichten salischen Marienchor errichtete, vom Baumeister Albero Laicus (Albert dem Laien) ausgeführte Kleeblattchor als Pendant im Osten gegenübergesetzt. Dieser erhielt über der Vierung den (heute das Bauwerk noch bestimmenden) markanten Achteckturm mit der abschließenden Laterne in Form eines Kuppelreliquiars sowie zwei flankierende Achtecktürmchen in den Zwickeln der Chorkonchen. Im Zusammenspiel mit dem West-

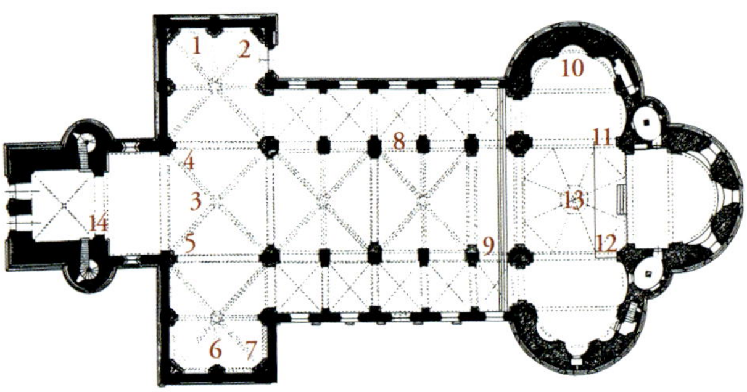

Westturm

Ansicht von Nordosten

turm präsentiert sich die Apostelkirche seit dieser Zeit als eine regelrechte „Turmlandschaft". Am Außenbau wurden die halbrunden Wandflächen durch eine einheitliche Abfolge aus Gesimsen, Blend- und Rundbögen, Zwerggalerien und Kassettenfriesen zu einem – byzantinisch anmutenden – harmonischen Bauensemble zusammengefasst, das seine größte Wirkung vom Neumarkt aus entfaltet.

Die Dreikonchenanlage von St. Aposteln zählt zweifellos zu den ganz großen Leistungen der rheinischen Romanik; sie setzt – ähnlich wie der etwas früher errichtete Kleeblattchor von Groß St. Martin – den aus der Mitte des 11. Jahrhunderts stammenden Trikonchos von St. Maria im Kapitol mit den architektonischen Mitteln der Stauferzeit fort, wobei auf die Chorumgänge im Inneren verzichtet wurde. Anders aber als bei Groß St. Martin, wo es zu einer geradlinigen Höhensteigerung zum alles dominierenden Vierungsturm hin kommt, zeichnet sich das Bauensemble von St. Aposteln durch eine äußerst raffinierte dreidimensionale Hintereinanderstaffelung über die östlichen Seitentürme zum Achteckturm und von dort aus zum höchsten Punkt, zum Westturm hinter dieser Gruppe, aus.

Ihren Abschluss fanden die Umbaumaßnahmen der Stauferzeit um 1230 mit der Einwölbung des Langhauses, der Seitenschiffe und des westlichen Querbaus; zugleich erfolgte eine Aufstockung des Westturms durch vier Giebel und das bekrönende Rhombendach. An der Nordseite des Langhauses wurde schließlich die sogenannte Halle am Laienportal errichtet, die für Predigten und als Bestattungsort für reiche Pfarrmitglieder diente; sie wurde im späten 18. Jahrhundert, als man

Apostel Paulus, Skulptur am Sockelgeschoss des Westturms

Achteckturm in der Ostpartie

rechte Seite: Ansicht von Osten

in die Seitenschiffe neue große Rundbogenfenster einsetzte, wieder abgerissen.

Während eines großen Umbaus im 17. Jahrhundert verlor der Westbau seine ursprüngliche Bedeutung. Man gestaltete ihn in einen Eingangsbereich um, indem man zwei Portale in den Turm einließ, und schüttete die darunterliegende Krypta zu. Nachdem im 19. Jahrhundert im Zuge der Säkularisation das Apostelnstift aufgehoben und die Kirche im Jahre 1822 wegen Baufälligkeit durch die Polizei geschlossen werden musste, ersetzte man die maroden steinernen Gewölbe in Lang- und Querhaus durch hölzerne – bis im Jahre 1872 eine Rekonstruktion des spätromanischen Zustands im Geiste des Historismus begann, in dessen Zuge die gesamte Außenhaut erneuert und das Kircheninnere mit Mosaiken im byzantinischen Stil ausgestattet wurde. Beim Wiederaufbau nach dem Zweiten Weltkrieg entschied man sich gegen eine Rekonstruktion der qualitätvollen historischen Mosaizierung, von der einzig ein kleiner Rest – die Darstellung Christi als Guter Hirte (2) – im nordwestlichen Querhaus erhalten geblieben war. Man beließ die Wand- und Gewölbeflächen zunächst in einem schlichten, neutralen Weiß, bis man sich dann doch noch entschied, die Konchengewölbe mit modernen, heute nicht unumstrittenen Wandmalereien ausgestalten zu lassen. Ebenfalls im Zuge der jüngsten Baumaßnahmen in den 1970er- und 1980er-Jahren erfolgte eine Rekonstruktion des Äußeren der Dreikonchenanlage in den ursprünglichen Formen. Gleichzeitig wurden die im 17. Jahrhundert eingefügten Zugänge zum Westturm geschlossen, die zugeschüttete Krypta ausgegraben und der erhöhte Westchor wiederhergestellt, auf dem heute allerdings eine große Orgel steht.

Das Innere der Kirche, in das man durch das Nordportal tritt, bestimmt nach wie vor der zweischalige Trikonchos, der sich zu drei Seiten um die weiträumige Vierung gruppiert. In zwei Geschossen angelegt, sind die Konchenwände im unteren Bereich durch Nischen ausgehöhlt, während die Wandfläche im darüberliegenden Geschoss durch einen Laufgang, der in zwei Schichten aufgespalten ist, gegliedert wird. Dabei erscheinen die rechteckigen Pfeiler in der vorderen Wandschicht, in die von Kompositkapitellen bekrönte dunkelfarbene Doppelsäulen eingesetzt sind, wie stehen gebliebene Wandflächen. Über der Vierung erhebt sich der achtseitige Turm, der sich über die Tambourzone mit ihren übereck gestellten Fenstern, die darüberliegende Wölbungszone und die abschließende Laterne in die Höhe entwickelt. Die Mittelschiffwände weisen Gliederungsele-

Blick in die Chorapsis

Nordportal

Blick in Langhaus, Vierung und Chorapsis

r.u.: Obergaden

Hl. Georg, ungefasste Holzskulptur, 15. Jahrhundert

mente sowohl aus der salischen als auch aus der spätstaufischen Bauphase auf. So stammen die buntsandsteinfarbenen Arkaden des Untergeschosses in ihrer Kernsubstanz noch vom Pilgrimbau, während die vorgeblendete Wandpartie aus grauen Trachyten, der darüberliegende Rundbogenfries mit Gesims, das Blendtriforium sowie die vorgelegte Vertikalgliederung (einschließlich der Rundbogenfenster im Obergaden) Resultate des staufischen Erweiterungsbaus sind. Im Westquerhaus werden die Gewölbe von zierlichen Säulenbündeln getragen, die durch einen Laufgang von den älteren Obergadenwänden abgesetzt sind.

Von der Ausstattung der vergangenen Jahrhunderte konnten sich in St. Aposteln nur Einzelstücke erhalten. Das älteste ist das achteckige romanische Taufbecken (um 1200), das, mit einem neuzeit-

Apostelretabel im Chorraum; zwölf Holzskulpturen, um 1330, Retabel,1988

Nördliches Seitenschiff

lichen Deckel ausgestattet, heute im Zentrum der Westvierung steht (3). Mehr als einhundert Jahre jünger sind die zwölf ca. 50 cm hohen Lindenholzskulpturen, die in dem 1988 angefertigten *Apostelretabel* hinter dem Hauptaltar im Chorraum aufgestellt sind (13). Um 1330 entstanden, stehen die rundansichtigen und sehr schlanken Figuren stilistisch in der Tradition der Steinskulpturen des Domchors. Ihr ursprünglicher Aufstellungsort lässt sich, da die einstige farbige Fassung verloren gegangen ist, nicht mehr eindeutig rekonstruieren. Von links nach rechts sind dargestellt: Thomas, Bartholomäus, Petrus, Matthäus, Simon, Jakobus d. J., Judas, Paulus, Johannes, Jakobus d. Ä., Andreas und Philippus. Mittelalterlichen Ursprungs sind ebenfalls zwei Einzelskulpturen, die sich in der dem Chorraum vorgelagerten Vierung befinden: eine gotische Madonna mit Kind (um 1300) am nordöstlichen Vierungspfeiler (11), ihr diagonal gegenüber am südwestlichen Vierungspfeiler eine überlebensgroße ungefasste Holzfigur des hl. Georg aus dem 15. Jahrhundert (9). Aus dem Barock stammt das großformatige Gemälde mit dem Martyrium der Heiligen Katharina von Alexandria in der Nordkonche (10), das von Johann Wilhelm Pottgießer, dem bekanntesten Kölner Maler des 17. Jahrhunderts ausgeführt wurde. Das im Jahre 1673 fertiggestellte halbrunde Altarbild war einst Bestandteil der barocken Innenausstattung von St. Aposteln und verstand sich als Pendant zum Laurentiusaltar mit der „Himmelfahrt Mariens“ (heute Teil des rekonstruierten

Johann Josef Imhoff (1739–1802), Die Apostel Paulus und Petrus (Holzskulpturen vom barocken Hochaltar, jetzt in der Westvierung), 1761

Die Vierzehn Nothelfer, 14 farbig gefasste Holzskulpturen, um 1550 bis spätes 18. Jahrhundert

Werkstatt Tilman van der Burch, Schmerzensmann, Holzskulptur, um 1500

Hauptaltars in St. Maria Himmelfahrt) in der Südkonche. Vom ehemaligen barocken Hochaltar, der im Jahre 1760 vom Stiftskanoniker Gade gestiftet und im Jahre 1819 wieder abgebrochen wurde, stammen die beiden weiß gefassten, leicht überlebensgroßen Holzskulpturen der *hll. Paulus und Petrus* (4 und 5), die heute an den Eingängen zur Krypta in der Westvierung aufgestellt sind. Die von Johann Josef Imhoff im Jahre 1761 angefertigten Figuren stehen jeweils im Kontrapost und sind im antikisierenden Gewand mit einem togaähnlichen Umhang dargestellt. In die Zeit um 1500 datiert der *Schmerzensmann* (1) aus der Werkstatt des Kölner Meisters Tilman van der Burch, der im nordwestlichen Arm des Querhauses steht. Als charakteristisch für die deutsche Holzschnitzkunst der Spätgotik, präsentiert sich die in expressivem Gestus gehaltene Figur, deren originale Fassung weitgehend erhalten ist: Die Hände sind gefesselt, das Gesicht ist von Schmerzen verzerrt; unübersehbar sind Spuren der Geißelung am Oberkörper sowie die deutlich hervortretenden Adern an Armen und Beinen.

Am südlichen Ende des Westquerhauses stehen die Statuen der *Vierzehn Nothelfer* aus der untergegangenen Nothelferkapelle (6), die den farbenprächtigen neugotischen Marienaltar (7) umrahmen. In sehr unterschiedlicher Qualität ausgeführt, stammen die fast lebensgroßen Holzskulpturen, die – mit neuen Farbfassungen versehen – auf barocken Konsolen aufgestellt sind, aus der Zeit zwischen 1550 und dem ausgehenden 18. Jahrhundert. Es reihen sich im Uhrzeigersinn: Christophorus (links des

Johann Wilhelm Pottgießer (1637 – vor 1690), Martyrium der hl. Katharina (Altarblatt vom Katharinenaltar), 1673

Marienaltars und an diesen rechts anschließend) Dionysius, Erasmus, Eustachius, Achatius, Vitus, Georg, Pantaleon, Ägidius, Blasius, Barbara, Katharina, Margareta und Cyriakus. Bei den Vierzehn Nothelfern handelt es sich um Heilige, die insbesondere in Notzeiten um Hilfe gebeten wurden. Seinen Ursprung hatte der Kult im 13. und 14. Jahrhundert im Regensburger und Bamberger Raum, er verbreitete sich im Laufe des Mittelalters, besonders in Zeiten der Pestepidemien, im gesamten deutschsprachigen Raum und darüber hinaus. So gab es auch in St. Aposteln eine eigene Bruderschaft, die sich der Verehrung der Vierzehn Nothelfer verschrieben hatte.

Eine weitere ausdrucksstarke Heiligendarstellung findet sich schließlich im Untergeschoss des Turms. Dort hängt auf der Empore oberhalb der Krypta ein großformatiges Bild mit der Darstellung des hl. Michael (14), das im Jahre 1838/39 vom Kölner Porträt- und Historienmaler Otto Heinrich Mengelberg (1817–1890) im Stil der Nazarener-Schule ausgeführt wurde.

Otto Heinrich Mengelberg (1870–1890), Hl. Michael, Öl auf Leinwand, 1838/39 (Westempore)

links: Christus als Guter Hirte, Mosaik an der Nordseite des Westquerhauses

St. Cäcilien (Museum Schnütgen)

Inneres nach Osten, 1915

St. Cäcilien bildet zusammen mit St. Peter in unmittelbarer Nachbarschaft die einzig erhaltene Doppelanlage einer Stifts- und einer Pfarrkirche, wie sie bis zur Säkularisation von 1802/03 in Köln häufig anzutreffen war. Die Anfänge des Cäcilienstifts reichen bis ins 9. Jahrhundert zurück, vermutlich gab es an gleicher Stelle bereits einen karolingischen Vorgängerbau. Um die Mitte des 12. Jahrhunderts, etwa zwischen 1130 und 1160, entstand in deutlich größeren Dimensionen die romanische Basilika, wie sie in ihrer Kerngestalt in den Wiederaufbau nach dem Zweiten Weltkrieg einbezogen wurde. Zu dieser gehörten die vier östlichen Joche des heutigen Langhauses, das überwölbte Chorgeviert sowie die durch Blendarkaden am Außenbau gegliederte Hauptapsis und die Apsis des südlichen Seitenschiffs.

Im Jahre 1474 wurde das Kirchengebäude den Augustinerinnen überschrieben, die eine Erweiterung und Modernisierung der Stiftsgebäude veranlassten. So ließen sie die romanische Holzdecke des Mittelschiffs durch ein Gewölbe ersetzten, das beim Wiederaufbau nicht mehr erneuert wurde. Zugleich entstand an der Stelle der romanischen Nordapsis die spätgotische Sakristei, die in zwei rechteckige Joche unterteilt ist. Auffällig an der Gesamtanlage ist das Fehlen eines

rechts unten: Fenster in der Ostapsis

rechte Seite: Ostapsis

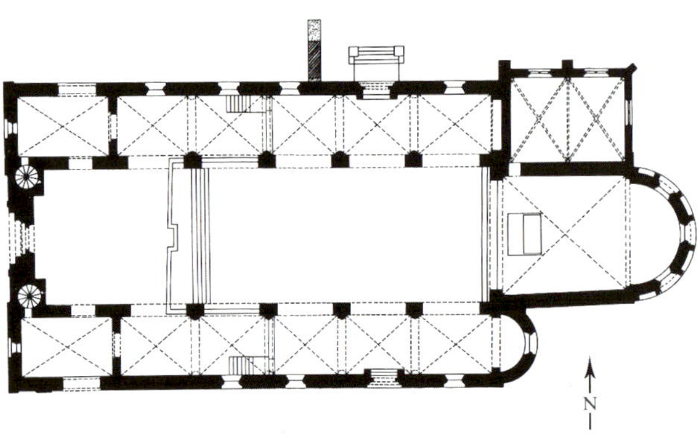

Ansicht von Südosten

steinernen Turmes, der für das Damenstift wohl niemals vorgesehen war. So gab es lediglich einen hölzernen, von den steinernen Sprengbögen des Mittelschiffs getragenen Dachreiter, der die Dachpartie bekrönte; dieser hatte die Gestalt eines kleinen Zentralbaus, der sich an ähnliche Konstruktionen auf den Bauten von St. Aposteln und Groß St. Martin orientierte. Der spätmittelalterliche Dachaufsatz wurde im Jahr 1787 durch einen spätbarocken Dachreiter ersetzt, der allerdings beim Wiederaufbau nach 1945 keine Berücksichtigung mehr fand. Im 19. Jahrhundert wurde im Zuge der Niederlegung der ehemaligen Stiftsgebäude, die in der Folge der Säkularisation zu einem Bürgerhospital umfunktioniert worden waren, der mittelalterliche, als einschiffiger Saalbau vorgelagerte Westchor der Kirche abgebrochen und im Geiste der Neuromanik wiedererrichtet. Auf dem heute zugemauerten Portal, durch das man ursprünglich in das Gotteshaus trat, hat der auch als „Sprayer von Zürich" bekannte Schweizer Künstler Harald Naegeli im Jahre 1980 seinen modernen Totentanz hinterlassen: einen mit der Sprühdose erzeugten Graffito eines Skeletts, der inzwischen unter Denkmalschutz steht.

Über dem Nordportal außen befindet sich ein um 1160 entstandenes Tympanon, das Cäcilientympanon, bei dem es sich allerdings um einen Abguss des Originals handelt, der aus konservatorischen Gründen angefertigt werden musste. Das originale Tympanon ist heute im an die Kirche angrenzenden Museumsneubau ausgestellt. Das aus wiederverwendeten römischen Grabsteinen angefertigte Bogenfeld zeigt die Kirchenpatronin und römische Märtyrerin in Frontalansicht, flankiert von zwei kleineren Begleitfiguren zu ihrer Rechten und Linken. Bei diesen handelt es sich um ihren Bräutigam Valerian und dessen Bruder Tiburtius, die sich ihr in Adorantenhaltung zuwenden. Ein Engel trägt aus den Wolken eine (heute verlorene) Krone herab. Die das Bogenfeld umlaufende lateinische Inschrift preist ihre Jungfräulichkeit, die den hier seinerzeit wohnenden Stiftsdamen als Vorbild für einen tugendhaften

Cäcilientympanon (Abguss) im Nordportal, um 1160

Kircheninneres, seit 1956 als Ausstellungsraum des Museums Schnütgen genutzt

christlichen Lebenswandel solchermaßen plastisch vor Augen geführt wurde.

Im Inneren, das sich in Chorraum, Schiff und Nonnenempore mit darunterliegender Krypta gliedert, konnte der Eindruck des romanischen Sakralbaus in großen Partien erhalten bzw. wiederhergestellt werden, als beim Wiederaufbau das spätgotische Gewölbe durch eine flache Holzdecke ersetzt wurde. Chor und Seitenschiffe sind hingegen kreuzgratgewölbt, die rechteckig geschnittenen Pfei-

oben: Szenen der Kindheit und Passion Christi, Wandmalereien auf der Südwand des Chorjochs, spätes 13. Jahrhundert

links: Museum Schnütgen, Der Kamm des hl. Heribert (Metzer Schule), um 850/900, Elfenbeinschnitzerei

rechts: Museum Schütgen, Parlerbüste, Köln, um 1390

ler schließen in schmalen Deckplatten ab, welche die weitgeschwungenen Arkadenbögen tragen. Das Mittelschiff grenzt sich durch einen hoch angesetzten Chorbogen, einen über den Rundfenstern der Hauptapsis verlaufenden Fries sowie durch mehrere Stufen vom Chorbereich ab. Als einziger Wandschmuck haben sich im Chorjoch – neben einer Darstellung musizierender Engel im nördlichen Obergaden des Mittelschiffs – umfangreiche Reste von Wandmalereien aus dem späten 13. Jahrhundert erhalten: Auf der Nordwand handelt es sich um Illustrationen der Cäcilienlegende, während in den drei horizontalen Bildfriesen der Südwand Szenen aus der Kindheit und der Passion Christi dargestellt sind.

Museum Schnütgen

Seit dem Wiederaufbau in den frühen 1950er-Jahren dient St. Cäcilien – mit Ausnahme des Patroziniumsfestes am 22. November und an Weihnachten – nicht mehr als Gotteshaus, sondern wird seit dem Einzug des Museums Schnütgen im Jahre 1956 ausschließlich als Ausstellungsraum genutzt. Das Museum trägt seinen Namen nach dem Domkapitular Alexander Schnütgen, der seine Sammlung sakraler Kunst im Jahre 1906 der Stadt Köln unter der Bedingung schenkte, dass diese einen eigenen Museumsbau für seine Kunstschätze zur Verfügung stellte. Heute ist das Ausstellungsareal von St. Cäcilien Bestandteil des neuen Kulturquartiers am Neumarkt, das in dem direkt angrenzenden, im Jahr 2010 eröffneten Gebäude für das Rautenstrauch-Joest-Museum für Völkerkunde seine Fortsetzung findet.

Die zahlreichen, nach Themengruppen geordneten Exponate bieten Einblick in die Kunst- und Kulturgeschichte des Mittelalters und des Barock, beginnend mit byzantinischen und koptischen Stoffen über karolingisch-ottonische Elfenbeinschnitzereien und Buchmalereien bis hin zur Glas-, Wand- und Buchmalerei der romanischen und gotischen Epoche. Weitere Ausstellungsschwerpunkte bilden die Sammlung liturgischer Geräte sowie die Holz- und Steinbildwerke aus Romanik, Gotik und Barock. Einige Sammlungs-Highlights sind neben dem erwähnten Cäcilientympanon das *Tympanon von St. Pantaleon* (um 1160/1170), das *Kruzifix von St. Georg* (um 1070), die sogenannte *Siegburger* Madonna (1150–1160), das *Antependium von St. Ursula* (um 1170), der *Kamm des hl. Heribert* (um 850/900), die *Parlerbüste* (um 1390) und der *Passionsaltar aus Kalkar* (um 1525).

Moderner Totentanz, Graffito von Harald Naegeli (auch „Der Sprayer von Zürich") auf dem zugemauerten neuromanischen Westportal, 1980

St. Georg

Ein erster Bau auf dem Gelände der heutigen Kirche konnte für das 1. nachchristliche Jahrhundert nachgewiesen werden, als sich hier, unmittelbar am Südrand der römischen Stadtmauer, ein militärischer Wachtposten befand. Auf dessen Fundamenten entstand im 7. Jahrhundert eine erste christliche Kirche, welche die Form einer dreischiffigen Halle mit den Maßen von 11,5 x 16,5 Metern hatte und im Osten mit einer halbrunden Apsis abschloss. Archäologischen Ausgrabungen unter dem heutigen Mittelschiff und der Vierung zufolge wurde der merowingische Sakralbau, der vermutlich unter Bischof Kunibert errichtet und dem hl. Caesarius von Terracina, einem Diakon des 3. Jahrhunderts, geweiht worden war, während der Hunneneinfälle in den Jahren 881/882 zerstört. Drei Jahre nach seiner Wahl zum Kölner Erzbischof gründete Anno II. 1059 an gleicher Stelle das Chorherrenstift St. Georg, das er mit Kanonikern aus dem thüringischen Kloster Saalfeld besetzte. Der noch außerhalb der Stadtmauern gelegene Sakralbau konnte relativ schnell, d. h. innerhalb von acht Jahren, vollendet werden. Die Schlussweihe erfolgte, nachdem die Stiftskirche mit der Überführung der in der Abtei St. Pantaleon aufbewahrten Reliquien des hl. Georg dessen Patrozinium erhalten hatte, im Jahre 1074.

Ansicht von Nordwesten, 1915; zwischen Westturm und nördlicher Vorhalle steht noch das (heute nicht mehr vorhandene) alte Pfarrhaus

Das Langhaus des 11. Jahrhunderts hatte die Gestalt einer dreischiffigen Säulenbasilika mit Querhaus, die, ebenso wie der Chor mit seinen Nebenchören, mit

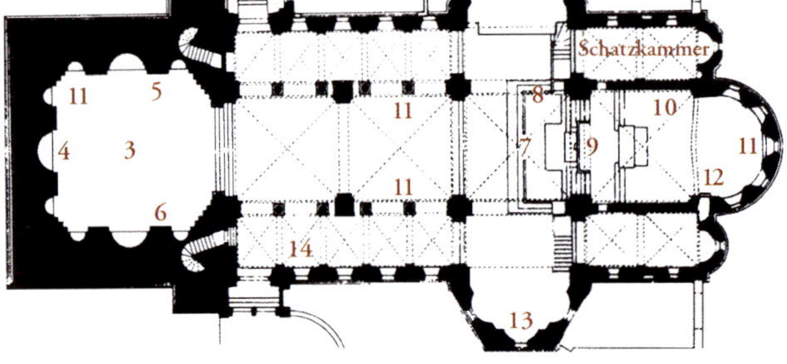

1 *Figur des Judas Thaddäus*
2 *Kruzifix*
3 *Romanischer Taufstein*
4 *Crucifixus dolorosus*
5 *Apostel Petrus*
6 *Apostel Paulus*
7 *Krypta*
8 *Barocke Madonna*
9 *Georgkruzifix*
10 *Sakramentshaus*
11 *Thorn-Prikker-Fenster*
12 *Epitaph, 16. Jh.*
13 *Beweinungsaltar*
14 *Modonnenmosaik*

flachen Holzdecken abschloss; demgegenüber waren die im Osten anschließenden Apsiden und die Querarme eingewölbt. Dem Mittelschiff lag nach Westen ein zweiter Chorraum vor, der außen vermutlich gerundet, innen jedoch rechteckig war. In einem zweiten Bauabschnitt um die Mitte des 12. Jahrhunderts wurden sämtliche Flachdecken durch Kreuzgratgewölbe ersetzt, zu deren Stabilisierung zwei zusätzliche Pfeiler aufgestellt werden mussten. Zwischen 1180 und 1188 erhielt auch der Westchor eine neue – seine heute noch erhaltene – Gestalt, der außen als massiger, kubusartiger, ja wehrhaft wirkender Körper von nur geringer Höhe in Erscheinung tritt. Seine Mauern weisen eine Stärke von fünf Metern auf, was die Vermutung nahelegt, dass an dieser Stelle ursprünglich ein hoher Westturm geplant war, der jedoch nie ausgeführt wurde. Erst zum Ende des 17. Jahrhunderts setzte man dem Rumpf eine barocke, in einem Zwiebeltürmchen auslaufende Schieferhaube auf, die beim Wiederaufbau nach dem Zweiten Weltkrieg durch ein schlichtes Pyramidendach ersetzt wurde. Eine nächste, an die staufische Architektur anschließende größere Baumaßnahme erfolgte um die Mitte des 16. Jahrhunderts, als die Nord- und die (heute nicht mehr erhaltene) Südvorhalle im Stil der Frührenaissance angebaut wurden. Dem nördlichen Vorbau

Ansicht von Nordwesten

Fenster im Westturm

linke Seite: Rekonstruktion der Säulenbasilika des 11. Jahrhunderts

Westturm

kam darüber hinaus die Funktion eines Verbindungsgangs zur benachbarten Pfarrkirche St. Jakob zu, die im frühen 19. Jahrhundert abgerissen wurde. In der zweiten Hälfte des 18. Jahrhunderts trug man die beiden Querhausarme ab und stattete das Innere mit barocken Malereien aus. Der Bauzustand von St. Georg verschlechterte sich in der Folgezeit aber immer mehr, sodass im Jahre 1925 wegen Baufälligkeit sogar die endgültige Schließung der Kirche drohte, die nur durch eine grundlegende Sanierung abgewendet werden konnte. Diese erfolgte dann zwischen 1927 und 1930, in deren Verlauf auch die beiden Querhausarme neu erstanden und der Raum des späten 12. Jahrhunderts wiederhergestellt wurde. Den schweren Zerstörungen im Zweiten Weltkrieg folgte ein 1964 abgeschlossener Neuaufbau, der sich eng an die Rekonstruktion der späten 1920er-Jahre anlehnte.

St. Georg nimmt innerhalb der zwölf großen romanischen Kirchen Kölns als einzige erhaltene Säulenbasilika eine Sonderstellung ein, in der sich Elemente der karolingisch-ottonischen Architektur mit frühstaufischen Bauformen vereinen. In ihrer heutigen Gestalt präsentiert sich die in ihrem Äußeren eher zurückhaltend wirkende Basilika als eine dreischiffige, kreuzgratgewölbte Kirche mit Querhaus im Osten, einer Vorhalle im Norden und einem quadratischen Westbau. So finden sich insgesamt nur wenige Gliederungs- und Schmuckelemente, die an den östlichen Apsiden, in allen drei Baukörpern gleich gesetzt, auf schlichte Rundbogenfenster, Lisenen und Rundbogenfriese beschränkt sind. Im Inneren setzen sich die drei Schiffe hinter dem Querbau in den halbrunden Apsiden fort, deren mittlere – der über der Krypta errichtete Chor – zwei Meter höher als das Langhaus liegt. Auch die beiden Nebenapsiden sind erhöht und öffnen sich in einem schmalen Durchgang zum Chor. Der Westbau zeigt sich in seinem Inneren, entgegen seiner massigen äußeren Form, als wohlgegliederter und proportionierter Einraum.

Friedhof neben der Vorhalle

Man betritt die Kirche durch die nördliche Vorhalle, von der aus eine Tür zu einem kleinen Friedhof führt, der in Form eines Kreuzgangs angelegt ist. Hier sind die Toten begraben, die während eines der letzten große Luftangriffe auf Köln am 2. und 3. März 1945 ums Leben kamen. Die Vorhalle selbst dient heute nicht nur als Eingangsbereich zur Kirche, sondern ist zugleich auch ein Ort der Volksfrömmigkeit: So steht hier an der Nordwand, gegenüber einem gotischen Kruzifix von 1440 (2), eine – eher volkstümlich anmutende – Statue des Apostels Judas Thaddäus (1), die von zahlreichen Kerzen und vielen kleinen, auf der Wand angebrachten Holztäfelchen und einfachen Papierzettelchen gesäumt ist. Diese sind als Bitt- und Dankzeichen Zeugen einer auf das späte 19. Jahrhundert zurückgehenden Kulttradition, in der die Gläubigen – vor allem in schweren Anliegen – dem Heiligen Votive stifteten und Kerzen entzündeten.

Der überkuppelte Westchor ist in zwei nahezu gleich hohe Stockwerke eingeteilt, in deren unteres Rundbogennischen eingelassen sind, während das obere durch einen Laufgang gegliedert wird. Eine Folge von eingestellten Säulen mit unterschiedlich ausgebildeten Kapitellen trägt zu einer zusätzlichen Ausschmückung der Wandflächen bei. Im Zentrum des Chorraums steht der Taufstein aus Trachyt, der um 1240 in einer rheinischen Werkstatt angefertigt worden ist (3). In der für die Region charakteristischen Büttenform gehalten, besteht er aus einem wulstigen Sockel mit einem darüberliegenden Becken in Zylinderform, dessen Außenwand durch eine umlaufende Rundbogenarkade auf zwölf Säulchen geschmückt wird. Ungeklärt ist, ob der Stein zur ursprüng-

rechts oben: Westchor

links oben: Blick in die Vorhalle, in der Bildmitte die Figur des Judas Thaddäus, 19. Jahrhundert

Crucifixus dolorosus (auch Gabel- oder Pestkruzifix), um 1380

Romanisches Kruzifix, um 1070 (Kopie)

Ostchor

das Original in der Sammlung des Museums Schnütgen befindet. Das 1921 in der Krypta gefundene Original konnte sich nur als Torso erhalten; es fehlten Arme und Füße, die an der Kopie ergänzt wurden. Besonders beeindruckend an der frühromanischen Skulptur sind das archaisch anmutende, strenge Gesicht, der kantig geschnitzte Oberkörper sowie das bis auf die Knie herabfallende, in Parallelfalten angelegte Lendentuch. Direkt unter dem Chor befindet sich die aus frühromanischer Zeit stammende dreischiffige Hallenkrypta (7) mit zwei zusätzlichen Seitenschiffen, die durch Pfeiler mit Würfelkapitellen voneinander getrennt sind. Auf einem der Kapitelle hat sich noch eine Inschrift aus der Erbauungszeit erhalten: *Herebrat me fecit* (Herebrat hat mich gemacht). Der nördliche Nebenchor wurde im Jahre 2001 zur Schatzkammer umgestaltet. Hier sind unter anderem ausgestellt: eine Evangelienhandschrift von 1100–1120, eine spätgotische Pankratiusbüste und drei barocke Bischofsbüsten, eine sogenannte „Kusstafel“ von 1557 sowie mehrere gotische Reliquienmonstranzen.

Blick in die Krypta

Johan Thorn-Prikker, Glasfenster, 1929/30

Sehenswert in St. Georg sind fernerhin die farbigen, in der Formensprache des Art déco bzw. der Neuen Sachlichkeit gehaltenen Glasfenster im Obergaden, in den Seitenschiffen sowie im West- und Ostchor (11). Sie wurden von dem aus Den Haag gebürtigen und in den 1920er-Jahren an den Kölner Werkkunstschulen lehrenden Johan Thorn-Prikker entworfen. Während die hohen Fenster im Westchor ganzfigurige Gestalten – die hll. Georg, Jakobus und Anno – zeigen, sind die übrigen als ungegenständliche Symbolfenster angelegt, sie fügen sich zu ornamentalen Farbfeldern aus organisch-vegetabilen und abstrakt-geometrischen Formen. Von Johan Thorn-Prikker stammt auch das Madonnenmosaik von 1913 im südlichen Seitenschiff (14), das im Jahre 1987 für St. Georg als jüngstes Ausstattungsstück erworben werden konnte.

Johan Thorn-Prikker, Madonnenmosaik, 1913

St. Gereon

Ansicht von Südwesten, um 1910

Die ehemalige Chorherren-Stiftskirche St. Gereon zählt zu den wohl komplexesten und differenziertesten Schöpfungen der kölnischen Sakralarchitektur des Mittelalters, die ihre Ursprünge in frühchristlicher Zeit hat. So wird an dieser Stelle bereits von einem monumentalen römischen Mausoleum zu Ehren zahlreicher Märtyrer berichtet, das, um 350 vor den Toren der Stadt erbaut, die Gestalt eines über ovalem Grundriss angelegten Zentralbaus mit Kuppel, acht Kapellen, ausladender Apsis im Osten sowie einer Narthex (Vorhalle) und einem Atrium im Westen hatte. Mit diesem Bau verband sich lange Zeit die im 7. oder 8. Jahrhundert entstandene mittelalterliche (heute allerdings widerlegte) Legende, dass seine Errichtung im Auftrag von Kaiser Konstantins Mutter Helena zu Ehren des Märtyrers Gereon erfolgt sein soll. Gereon war Anführer der Thebäischen Legion, der bei einer Schlacht im Norden des heutigen Stadtgebietes ums Leben gekommen ist und dessen Leiche an dieser Stelle in einen Brunnen geworfen worden sein soll. Vermutlich hatte der prachtvolle Bau als Grablege für eine höhergestellte römische Familie gedient, die in enger Verbindung zum römischen Kaiserhaus stand. Von seiner einstmals kostbaren Ausstattung – insbesondere dem goldenen Mosaikschmuck – zeugt auch ein Bericht des Bischofs Georg von Tour im ausgehenden 6. Jahrhundert, der die Kirche als „Ad sanctos aureos" (Zu den goldenen Heiligen) bezeichnet hat.

Im 9. Jahrhundert wurde dem römischen Bauwerk ein Chorherrenstift angegliedert, das nach dem Domstift den zweithöchsten Rang in Köln einnahm. Unter Erzbischof Anno II. erfolgte zwischen 1067 und 1069 die Umwandlung der spätantiken Apsis in einen Langchor mit zwei Flankentürmen und einer dreischiffigen Krypta. Diesem folgte 1156 der heutige Etagenchor in Gestalt eines überwölbten Chorquadrats mit der über einem Halbkreisgrundriss angelegten Apsis sowie den beiden siebengeschossigen Flankentürmen, die von Faltdächern bekrönt werden – ein Bauensemble, das vorbildhaft für die staufischen Chorfassaden der großen Kölner Kirchen der Nachfolgezeit (beispielsweise St. Aposteln oder St. Kunibert) werden sollte. Um 1190 wurde die Confessio zwischen Krypta und Zentralraum neu gestaltet, die von nun an von beiden Seiten einsehbar war. Die für das Gotteshaus zweifellos mar-

Rekonstruktion der Gesamtanlage des 4. Jahrhunderts

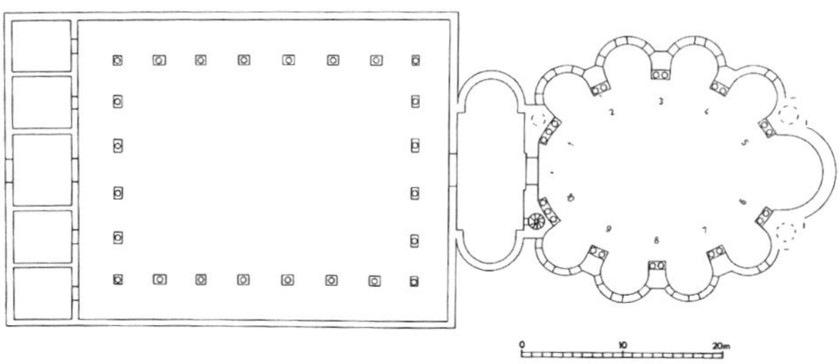

kanteste und sein Äußeres bis auf den heutigen Tag nachhaltig prägende Umbaumaßnahme fand schließlich zwischen 1219 und 1227 statt, als der frühchristliche Kernbau erhöht, außen ummantelt und zu einem 34 Meter hohen rippengewölbten Zehneck (Dekagon), das sich außen in fünf Geschosse gliedert, umgewandelt wurde. Das ursprünglich mit vergoldeten Bleiplatten ausgestattete Zeltdach stellte für die damalige Baukunst, in der die Romanik allmählich von der Gotik abgelöst wurde, eine architektonische Meisterleistung dar. Gerne wird es mit dem im 6. Jahrhundert errichteten Kuppelbau der Hagia Sophia in Konstantinopel (Istanbul) und der 200 Jahre danach vom Renaissance-Baumeister Filippo Brunelleschi ausgeführten Kuppel des Florentiner Domes in einer Reihe genannt. Den Abschluss der staufischen Bauarbeiten bildet die 1245 vollendete Taufkapelle im Süden des Dekagons, bei der es sich um einen in den Formen der Spätromanik gehaltenen kleinen Raum handelt, der über einem unregelmäßigen Grundriss errichtet und mit einem zentralen achtteiligen Gewölbe versehen wurde.

Den Eintritt in die Architektur- und Stilepoche der Gotik markiert die 1319 vollendete Sakristei, deren reicher Maßwerkschmuck ein unverkennbares Pendant im zeitgleich ausgeführten Domchor hat. Ih-

Ansicht von Osten

links unten: Ostapsis

rechts unten: Ansicht von Süden

Aufgemauerte Fundamente des mittelalterlichen Klausurgevierts

ren Abschluss fand die mittelalterliche Bautätigkeit schließlich in den in der zweiten Hälfte des 14. Jahrhunderts ausgeführten gotischen Gewölben und Maßwerkfenster im Langchor. Im 17. und 18. Jahrhundert wurden die Apsisfenster vergrößert und der Innenraum im Stil des Barock neu ausgestattet. Im Zuge der Säkularisation erfolgte im Jahre 1802 eine Herabstufung von der Stifts- zur Pfarrkirche, darüber hinaus fielen in den folgenden Jahrzehnten die im Westen vorgelagerten Stiftsgebäude mit dem Kreuzgang sowie die nordöstlich gelegene ehemalige Pfarrkirche St. Christoph dem Abriss zum Opfer. Mehrere Restaurierungen erfolgten im weiteren Verlauf des 19. Jahrhunderts, die ihren Abschluss in einer historistischen malerischen Neuausstattung unter dem Architekten und Bauhistoriker August Essenwein fanden. Im Zweiten Weltkrieg brannte die Kirche

Ansicht von Westen

rechte Seite: Ostturmgruppe

Sakristei, 1315–1319

Dekagon, 1219–1227

Grablegung Christi, Figurenrelief in der Vorhalle, frühes 16. Jahrhundert (Ausschnitt)

vollständig aus und wurde nach 1945 weitgehend im Sinne des historischen Baubestands wiederhergestellt.

Das heutige Bauensemble von St. Gereon gliedert sich, von Ost nach West verlaufend, in den repräsentativen, von zwei Türmen flankierten Etagenchor, den relativ schlichten Langchor mit der im westlichen Joch angebauten, nach Süden gerichteten Sakristei, das Dekagon mit dem südlichen Annex der Taufkapelle sowie die Vorhalle mit der wilhelminischen Kapelle. Westlich der Vorhalle erinnern die wieder aufgemauerten Fundamente auf der nach den jüngsten Ausgrabungen neu gestalteten Platzfläche des Gereonsklosters an die Anlage des mittelalterlichen Klausurgevierts, das seinerseits über dem spätrömischen Atrium errichtet worden war.

Die *Vorhalle* erstreckt sich über zwei querrechteckige Joche, an die im Süden die wilhelminische Pietàkapelle anschließt. Sie wurde vom Kölner Architekten Heinrich Krings in den Jahren 1897/98 erbaut und mit buntem Dekor ausgestattet. In ihrer Mitte steht eine Michelangelo nachempfundene Marmor-Pietà des Düsseldorfer Künstlers Johann Reiss (4). Neben dem Kapelleneingang befindet sich ein ungefasstes Relief mit der Grablegung Christi aus dem frühen 16. Jahrhundert, das aus lebensgroßen, vollplastischen Sandsteinfiguren besteht (1). Diesem korrespondiert auf der gegenüberliegenden Seite in der Helenakapelle eine in Lünettenform gehaltene Tafelmalerei mit Christus am Kreuz mit Heiligen von 1550, darunter auch der Kirchenpatron in Ritterrüstung und mit Kreuzfahne (3). Den Eingang zum Dekagon flankieren zwei romanische Löwen aus Stein (2), wohl erst nachträglich an diese Stelle gesetzt und ursprünglich auch nicht zusammengehörig. In den linken, aus dem 12. Jahrhundert stammenden Löwen ist im Rücken ein Bohrloch eingelassen, das vermutlich eine Säule trug, während der rechte, der ein Lamm in seinen Klauen trägt, etwas später entstanden ist. In leuchtenden Farben präsentiert sich das restaurierte Tympanon über dem Eingang (5), das Christus zwischen Gereon und Helena zeigt und in einer lateinischen Inschrift auf die

1 *Grablegung Christi*
2 *Portallöwen*
3 *Christus am Kreuz mit Heiligen*
4 *Pietà*
5 *Tympanon*
6 *Sog. Blutsäule*
7 *Mondsichelmadonna*
8 *Hl. Helena*
9 *Fensterzyklus von Georg Meistermann*
10 *Spätromanische Fresken*
11 *Flügelretabel mit Kreuzigung Chrsiti*
12 *Sakristeitür*
13 *Gotische Glasfenster*
14 *Romanische Malereifragmente*
15 *Hl. Familie mit hl. Anna*
16 *Josephsteppich*
17 *Sakramentshaus*
18 *Sebastiansaltar*
19 *Madonna mit Heiligen*
20 *Apsismalereien*

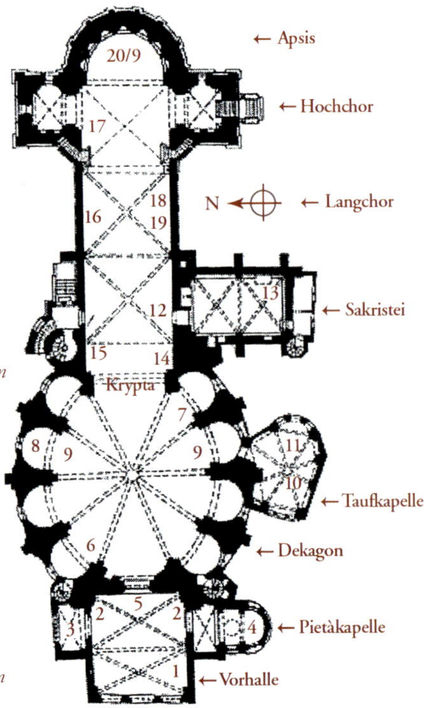

Tympanon mit lateinischer Inschrift über dem Eingang zum Dekagon

oben: Wilhelminische Pietàkapelle, 1897/98

große Zahl der hier bestatteten Heiligen verweist: „Templum Sanctorum Gereonis sociorum eius CCCXIII thebaeorum Martyrum, et Gregorii Sociorum eius CCCLX Maurorum Martyrum" (Die Kirche des hl. Gereon mit seinen 318 Gefährten und des hl. Gregor Maurus mit seinen 360 Gefährten).

Das *Dekagon*, das nach dem Brand des Zweiten Weltkriegs stark restauriert werden musste, gliedert sich in seinem Inneren als ein vertikal ausgerichteter Zentralbau zu vier Geschossen. Das Sockelgeschoss bestimmen die großen Konchen des spätantiken Memorialbaus, die, abgesehen von den gotisch erneuerten Fenstern, in ihrer ursprünglichen Form – mit zum Teil noch römischen Backsteinen in den Gewölbekappen – erhalten geblieben sind. Darüber liegen die Emporen, die sich mit jeweils zwei bzw. drei gestaffelten Bögen in den Zentralraum öffnen. Die farbigen Fenster in den beiden unteren Geschossen stammen von dem aus Unna stammenden Glasmaler Wilhelm Buschulte. Sie zeigen in den Emporen eine Folge von Heiligendarstellungen – darunter im Norden die männlichen Heiligen Josef und Albertus Magnus, Heri-

Dekagon, spätantike Konche mit gotischem Fenster

Romanische Löwen in der Vorhalle

rechte Seite: Blick in das Kuppelgewölbe

bert und Petrus Canisius sowie im Süden die weiblichen Heiligen Maria, Ursula, Hildegard von Bingen und Adelheid von Vilich – während in die spätantiken Nischen lichte, in gedämpftem Kolorit gehaltene Kristallfenster eingelassen sind. Der Aufbau des Dekagons setzt sich in einem doppelten Lichtgaden mit einem vorgelagerten Laufgang fort: dem niedrigeren dritten Geschoss mit seinen Fächer- bzw. Mehrpassfenstern, die von Spitzbögen überfangen werden, und dem abschließenden vierten Geschoss, das durch spitzbogige Lanzettfenster gegliedert ist. Die farbigen Gläser dieser Fenster – wie auch der drei Fenster der Chorapsis – stammen von Georg Meistermann, die der Künstler zwischen 1979

Dekagon, Nordwand

unten: Christus als Richter des Jüngsten Gerichts, Glasfenster von Georg Meistermann am Triumphbogen, 1979–1986

und 1986 entworfen hat (9). In einem subtilen und zugleich kontrastreichen Kolorit sowie einer leicht abstrahierenden Bildsprache gehalten, entsprechen sie dem Konzept, das der katholische Theologe und Kölner Hochschulpfarrer Wilhelm Nyssen (1925–1994) für St. Gereon entworfen hat: „Der Sieg Christi in seinen Heiligen, die Einheit von himmlischem und irdischem Jerusalem". So zeigt das zentrale Fenster im Triumphbogen zum Chor Christus als Weltenrichter, daneben Maria und Johannes als Fürbitter. In den flankierenden Lanzettfenstern folgen die Propheten des Alten Testaments sowie die Apostel des Neuen Testaments. Im großen Westfenster verbindet sich schließlich die Himmelfahrt Christi mit dem

Hl. Helena (vom ehem. Hochaltar), Jeremias Geisselbrunn, 1635

Pfingstwunder. Der Programmatik des Pfingstgeschehens widmet sich auch die seit 1979 wieder ausgemalte Kuppel, die eine Spannweite von 21 Metern hat. Während die vom Zentrum ausgehenden goldenen Flammenzungen an die Ausgießung des Hl. Geistes erinnern wollen, steht der blutrote Farbgrund der Gewölbekappen für das Martyrium der Thebäischen Legion; der Schlussstein in der Form eines Granatapfels ist Symbol für die Auferstehung Christi.

Unmittelbar an der Nordseite des Eingangs zum Dekagon steht das Bruchstück einer Granitsäule, vermutlich Fragment einer der Säulen des spätantiken Baus, das bei der staufischen Erweiterung sorgsam in die neue Architektur integriert wurde. Bei dieser handelt es sich um die sogenannte Blutsäule (6), die – so die Legendenberichte – an jener Stelle gestanden haben soll, an der Gereon und seine Gefolgsleute ihr Martyrium erlitten haben; dabei floss ihr Blut über die Säule, der später auch die Fähigkeit zugeschrieben wurde, so eine ursprüngliche Inschrift auf der Steinplatte, zwischen Gut und Böse zu unterscheiden und Strafen auszusprechen. Die beiden Längsseiten des Ovals schmücken zwei schön gearbeitete Bildwerke: eine Madonna mit Kind aus dem 15. Jahrhundert (7) sowie die Alabasterskulptur der hl. Helena aus dem zweiten Drittel des 17. Jahrhunderts. Die spätgotische Mondsichelmadonna, am zweiten östlichen Pfeiler auf der Südseite aufgestellt, ist in ihrem reichen Faltenwurf und der lieblichen Ausgestaltung der Gesichtspartie Mariens ein charakteristisches Beispiel des sogenannten Weichen Stils zwischen 1380 und 1430. Ursprünglich aus der untergegangenen Kirche vor dem Chor des Domes, St. Maria ad Gradus, stammend, steht sie in stilistischer Nähe zur Verkündigungsgruppe des Konrad Kuyn in St. Kunibert. Die Figur der hl. Helena (8) in der zweiten nördlichen Konche von Osten wurde vom Bildhauer Jeremias Geisselbrunn für den 1635 errichteten Hochaltar entworfen, sie ist das einzige Ausstattungsstück, das den 1897/99 erfolgten Abbruch des Barockaltars überstanden hat.

An der südlichen Langseite des Dekagons schließt die 1242/43 errichtete, mit einer Fülle von Kapitellen und Säulen ausgestattete *Taufkapelle* an, die recht bald nach ihrer Vollendung ein reichhaltiges Bildprogramm im sogenannten Zackenstil – einer Variante der figürlichen Kunst am Übergang von später Romanik zur Frühgotik – erhielt. Dabei wurden sämtliche Wände sowie das achtstrahlige Gewölbe in das ornamentale System einbezogen, das seinen Hauptakzent auf die großen Heiligengestalten in den Nischen setzt – darunter Darstellungen Kaiser Konstantins und zweier nicht näher benannter Bischöfe an der Eingangswand sowie zweier Krieger, vermutlich der hll. Gereon und Mauritius (10). In den Ge-

Mondsichelmadonna, um 1400

Sog. Blutsäule (Fragment einer Granitsäule, vermutlich vom spätantiken Vorgängerbau)

wölbezwickeln über dem Altar erscheint Christus als Weltenrichter zusammen mit Maria und Johannes, während der obere Gewölbeteil der Kapelle als blauer Himmel mit goldenen Sternen ausgestaltet ist. (Die Wandbilder wurden im 19. Jahrhundert mit mehreren Übermalungen versehen, die im 20. Jahrhundert wieder entfernt wurden.) In der Altarnische steht heute ein Flügelretabel mit der Kreuzigung Christi, das im Jahre 1515 von einem Kanoniker gestiftet wurde (11).

An der Nordostseite des Dekagons führt heute ein schmaler Gang in die *Krypta* hinab, an deren Westende mit der um 1190 errichteten Confessio die Verbindungsstelle zwischen Dekagon und Langchor neu gestaltet wurde. Man vermutete an dieser Stelle den von Gregor von Tour erwähnten Märtyrerbrunnen und errichtete ein neues Gewölbe, das die drei mächtigen übereinandergestellten Sarkophage der Märtyrer aus der Thebäischen Legion beherbergt. Ursprünglich war die Confessio vom Zentralraum der Kirche über eine Treppe direkt zugänglich, bis man im Jahre 1895 die heutigen Zugänge anlegte. Zur höher gelegenen Krypta öffnet sie sich in einer Doppelarkade mit darüberliegendem Tympanon, das in einer Ausmalung des späten 13. Jahrhunderts eine Kreuzigungsszene mit dem hl. Gereon und der hl. Helena zeigt. In der auf basilikalem Grundriss errichteten Krypta selbst ist das wohl wertvollste Ausstattungsstück der im 19. Jahrhundert neu verlegte und ergänzte Rest des romanischen Fußbodenmosaiks, das sich vor dem aus Kalkstein gefertigten Kreuzigungsaltar von 1540 im Ostabschluss

rechts oben: Taufkapelle von 1242/43

links oben: Zwei Krieger, vermutl. Gereon und Mauritius, die Anführer der Thebäischen Legion, 1242/43

Blick in die Confessio, um 1190

befindet. Der um 1100 entstandene und wohl umfangreichste mittelalterliche Mosaikboden nördlich der Alpen wurde im 17. Jahrhundert vom Chor in die Krypta verlegt und im 19. Jahrhundert durch den Maler Tony Avenarius (1836–1912) neu zusammengesetzt und ergänzt. Das Mosaik gliedert sich in insgesamt zwölf große und zwölf kleine Bildfelder, die allesamt von Kampf, Macht, Sieg und Verlust handeln: In den großen Feldern sind Begebenheiten aus dem Leben des alttestamentlichen Helden Samson sowie aus dem Leben von König David wiedergegeben, darunter Darstellungen wie *Samson bezwingt den Löwen, David tötet einen Löwen, David enthauptet Goliath und wird zum König gesalbt.* Die kleineren, sehr stark restaurierten Felder zeigen die zwölf Tierkreiszeichen.

An der Südostseite des Dekagons führt eine Treppe in den erhöhten, mit Kreuzrippengewölben abschließenden *Langchor* hinauf, über dem sich einzelne Reste der spätromanischen Wandmalereien erhalten haben (14). Zweijochig angelegt, öffnet er sich auf der Südseite in die *Sakristei*, deren aufwändige historistische Ausstattung im Zweiten Weltkrieg verloren gegangen ist. Der Raum kann mit einer Holztüre aus der Zeit um 1540 (12) verschlossen werden, auf die auf der Langchorseite zwei Flachreliefs eingelassen sind: links die mit dem Titulus „Ecce homo“ versehene Darstellung Christi als Schmerzensmann mit einem Lendentuch und einem offenen, umgehängten Mantel, auf der rechten Seite Maria mit dem Titulus „Mater dolorosa“, die, ebenfalls auf einer polygonalen Konsole stehend, in anbetender Weise ihrem Sohn zugewandt ist. Im Inneren haben sich auf den beiden großen Maßwerkfenstern der

Samson bezwingt den Löwen, Detail des Mosaikfußbodens in der Krypta

Krypta nach Osten, hinten der Kreuzigungsaltar von 1540

Sakristeitür, um 1540

Blick in Langchor, Hochchor und Apsis

Ostseite jeweils im unteren Bereich Glasmalereien aus dem zweiten Viertel des 14. Jahrhunderts erhalten (mit einigen neuzeitlichen Ergänzungen von Wilhelm Buschulte); sie zeigen neben verschiedenen Heiligen eine Szene mit der Anbetung der Hl. Drei Könige (13).

Zurück zum Langchor: Hier schmücken heute neben dem renaissancistischen Sakramentshaus von 1608 an der Nord-

Prophetenkopf, Ausmalungsfragment im Langchor, 12. Jahrhundert

rechts unten: Altarblatt des ehem. Sebastiansaltars. Darstellung der Kölner Heiligen über dem Stadtpanorama (mit dem Modell von St. Gereon in der rechten Bildmitte), Johann Hulsman und Johann Toussijn, 1635 (Ausschnitt)

links unten: Josephsteppich, Aubusson, Mitte des 18. Jahrhunderts (Ausschnitt)

wand (17) mehrere Gemälde und Tapisserien die Wände dieses ansonsten recht schlicht gehaltenen Bauabschnitts – darunter die beiden barocken Darstellungen der *Madonna mit Heiligen* von Johann Hulsman (19) und der *Hl. Familie mit hl. Anna* von Ersamus Quellinus d. J. (15), beide um 1646 entstanden, sowie, als einziges Relikt, das Altarbild des barocken *Sebastiansaltar*, der sich einst im Langchor erhob. Das um 1635 entstandene Gemälde (18) zeigt in illusionistischer Manier Kölner Heilige auf einer Wolke über dem Stadtpanorama schwebend – mit dem prominent zu Füßen der Heiligenschar platzierten Bau der Stiftskirche St. Gereon. Ein für eine Kölner Kirche relativ rares Ausstattungsstück stellt schließlich der aus dem französischen Aubusson stammende *Josephsteppich* aus der Mitte des 18. Jahrhunderts dar (16), der, insgesamt 13,60 Meter breit und in drei einzelne Teilteppiche unterteilt, Szenen aus der Josephslegende wiedergibt.

Die nach Osten an den quadratischen Hochchor angelagerte romanische *Apsis* ist in zwei Geschosse unterteilt, die jeweils sieben Blendbögen auf Säulen mit Würfelkapitellen aufweisen. Errichtet zwischen 1151 und 1156, gehört sie zu den älteren Kölner Etagenchören, für die eine zweizonige, mehrschalige Gliederung charakteristisch ist.Die Wandfelder erscheinen in Form flacher Nischen, die sich im oberen Geschoss in drei großen Rundfenstern öffnen, über denen sich die Kalotte wölbt. Gegen Ende des 12. Jahrhunderts stattete man die gesamte Apsis mit großflächigen Wandmalereien aus, auf die jedoch im Zuge der barocken Umgestaltung eine Stuckdekoration appliziert wurde. Diese wiederum wurde bei der historistischen Neugestaltung und Ausmalung der Kirche im Jahre 1897 entfernt, mit dem Resultat, dass die ursprünglichen Malereien erneut zum Vorschein kamen, allerdings schwer beschä-

Chorapsis mit Wandmalereien vom Ende des 12. Jahrhunderts und Glasfenstern von Georg Meistermann, 1979–1986

digt. Der Erhaltungszustand in toto war äußerst schlecht, und so entschloss man sich zu einer vollständigen Erneuerung der Malereien in der Kalotte und den Fensterlaibungen – eine Maßnahme, die im Zuge der Restaurierungsarbeiten nach dem Zweiten Weltkrieg wiederum zurückgenommen wurde. Heute präsentieren sich die romanischen Fresken (20), die sich mit den drei zwischen 1979 und 1986 ausgeführten Glasfenstern Georg Meistermanns zu einer Art Bildergalerie formieren, in einem teilweise stark verblassten (zumindest aber originalen) Zustand. Im Zentrum der Kalotte ist Christus in der Mandorla zwischen Maria und Johannes sowie den hll. Helena und Anno zu sehen, während die Nischen in Ober- und Untergeschoss große stehende Gestalten zeigen: unten heilige Bischöfe, die mit ihren Schwertern am Boden liegende Wesen abwehren, oben der hl. Gereon und drei Mitstreiter aus der Thebäischen Legion, die, jeder auf einem Heiden stehend, den Sieg des Christentums veranschaulichen sollen.

Hl. Gereon, Wandmalerei in der Chorapsis, Ende 12. Jahrhundert

St. Johann Baptist

Erstmals im Jahre 948 erwähnt, erhielt St. Johann Baptist gegen Ende des 11. Jahrhunderts den Status einer Pfarrkirche und wurde wenig später auch zur Kirche der Weberzunft. Ein in der zweiten Hälfte des 12. Jahrhunderts begonnener romanischer Neubau konnte im Jahr 1210 geweiht werden. An diesen wurden im 14. und 16. Jahrhundert die beiden gotischen Seitenschiffe angefügt, während die Einwölbung des Mittelschiffs den Abschluss der zweiten großen Bauphase des Spätmittelalters markiert. Von der mittelalterlichen Kirche hat sich nach den Bombardements des Zweiten Weltkrieg nur wenig erhalten. Während Westturm und Chor bis auf die Fundamente niederbrannten, blieben Teile des Mittelschiffs und die nördliche Seitenschiffwand stehen. Diese wurden – als mittelalterliches Ziborium – in den vom Kölner Architekten Karl Band zwischen 1960 und 1963 ausgeführten Neubau integriert, wodurch quasi ein Raum im Raum geschaffen wurde. Gänzlich neu ist der über quadratischem Grundriss errichtete fünfgeschossige Westturm aus roten Backsteinen, der sich aber in seiner Gestalt und Gliederung, wie dies auf Anton Woensams Holzschnitt von 1531 deutlich wird, eng an seinen mittelalterlichen Vorgänger anlehnt. Besonders augenfäl-

St. Johann Baptist auf Anton Woensams Stadtansicht von 1531

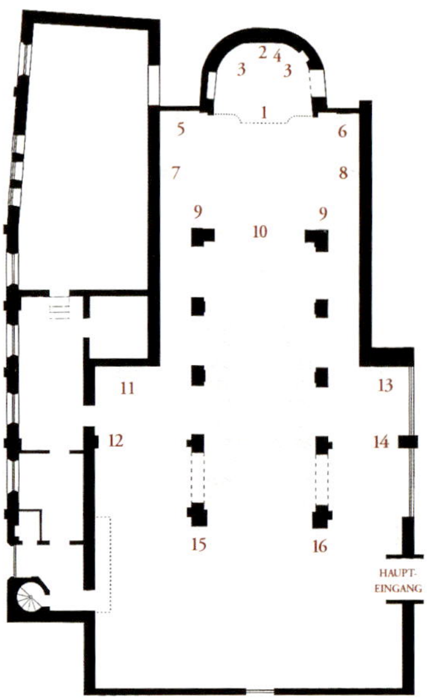

Grundriss der heutigen Kirche

1 *Antoninaschrein*
2 *Reliquienbüsten*
3 *Alderpulte*
4 *Votivbild*
5 *Maria mit Kind*
6 *Hl. Rochus*
7 *Hl. Elisabeth*
8 *Schalldeckel der ehem. Barockkanzel*
9 *Hl. Johannes von Nepomuk und hl. Bischof*
10 *Kreuzigungsgruppe*
11 *Annenaltar*
12 *Hl. Anna und Maria*
13 *Thronende Muttergottes*
14 *Taufbecken*
15 *Hl. Johann Baptist*
16 *Hl. Christophorus*

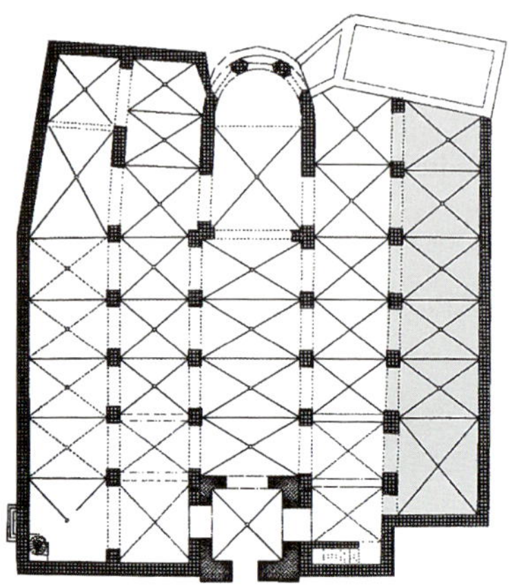

rechts unten: Grundriss Mitte des 16. Jahrhunderts

oben: Gesamtansicht von Norden

lig wird die Synthese von Alt und Neu im nach Osten anschließenden Langhaus, in dem die obere Partie des erhalten gebliebenen romanischen Mittelschiffs, das durch Rundbogenfenster, Lisenen und Blendbögen gegliedert wird, wie ein Baldachin den darunter liegenden rekonstruierten Baukörper überfängt. Während das südliche Seitenschiff – analog zum Turm – aus rotem Backstein neu errichtet wurde, gehört das der Severinsbrücke zugewandte Nordschiff mit seinen spitzbogigen Maßwerkfenstern und Strebepfeilern in seiner Gänze zum mittelalterlichen Baubestand.

Heute dient St. Johann Baptist als sogenannte Jugendkirche, die den Aktivitäten der Stadtjugendseelsorge offen steht. Um diesen geänderten seelsorgerischen Anforderungen gerecht zu werden, wurde das 2009 wiedereröffnete Gotteshaus in seinem Inneren umgebaut und neu ausgestaltet. Unter Berücksichtigung und in Modifizierung des von Karl Band in den 1960er-Jahren ausgeführten Neubaus errichtete man im zentralen mittelalterlichen Kirchenraum eine große Trennwand und brach die Stufenanlage des ehemaligen Altarraumes ab. Dadurch ergab sich eine neue architektonische Konstellation, die sich in insgesamt vier, klar voneinander abgehobene Raumsegmente aufgliedert: den zentralen Kirchenraum, der durch mobile kistenartige Kirchenbänke unterschiedlich nutzbar ist, die durch ein Eisengitter abgetrennte Apsis, den Taufbereich an der durchfensterten Südwand sowie das

Der zwischen 1960 und 1963 errichtete Westturm, der 2004 infolge eines Bauunglücks als „Schiefer Turm von Köln" für Schlagzeilen sorgte

Sog. Ziborium von Süden

Atrium, einen offen gestalteten Eingangsbereich im Westen, der dem Ziborium als großer, leerer Raum vorgelagert ist.

Auch die zahlreichen Ausstattungsstücke des mittelalterlichen Gotteshauses sind seit der Wiedereröffnung in Apsis und Langhaus sowie auf der Empore in neuer Präsentation zu sehen. Im Zentrum der kleinen und zugleich höchst qualitätvollen Sammlung steht der um 1350/60 angefertigte Reliquienschrein der hl. Antonia (einer Gefährtin der hl. Ursula), der an zentraler Stelle im östlichen Chorschluss aufgestellt ist (1). Das im späten 19. Jahrhundert restaurierte Behältnis ist aus Gold gearbeitet, vergoldet und mit punzierten Ornamenten ausgeschmückt, wobei die Figuren an den beiden Stirn- und Langseiten separat geschnitzt und mit Dübeln am Korpus befestigt sind. Anders als beim Dreikönigsschrein im Dom, beim Heribertschrein in Neu St. Heribert in Deutz oder den Schreinen in St. Andreas, St. Ursula und St. Pantaleon wurde hier auf kostbares Metall, auf Email und Steinbesatz verzichtet. Hinter dem Schrein sind auf rechteckigen Wandsockeln sieben vollrund gearbeitete und mit Gold und Silber großflächig übermalte Reliquienbüsten angebracht, in de-

Antoninaschrein, um 1350/60 Darstellungen auf den Stirnseiten: Christus als Weltenrichter und gekrönte Heilige mit Schutzmantel; auf den Längsseiten: jeweils sechs Apostel; in den Vierpässen auf den Dachflächen: zwölf Ursulanische Jungfrauen mit Palmwedeln

Taufbereich im südlichen Seitenschiff

Blick in den erneuerten Gottesdienstraum im mittelalterlichen Ziborium, hinten die durch ein Eisengitter abgetrennte Apsis

nen die dem Antoninaschrein entnommenen sieben Häupter der Heiligen und sechs weiterer Märtyrerinnen aus dem Gefolge der hl. Ursula aufbewahrt werden (2). Die Reliquiare entstammen dem weiteren Umkreis des Tilman van der Burch, dessen Werkstatt im Köln des frühen 16. Jahrhunderts tonangebend auf dem Gebiet der spätmittelalterlichen Holzskulptur war. Zu den weiteren Ausstattungsstücken gehören u.a. eine gotische Sitzmadonna aus der Zeit um 1300 (13), eine spätgotische Kreuzigungsgruppe (10), ein Taufbecken aus Messing aus dem Jahre 1566, zwei bronzene Adlerpulte (1619 und 1723) sowie eine Gottvater-Darstellung vom Schalldeckel der ehemaligen Barockkanzel, die bis zu ihrer Zerstörung im Zweiten Weltkrieg am südöstlichen Pfeiler des Mittelschiffs angebracht war (3 und 8).

Gottvater-Darstellung, 1720/21 (vom Schalldeckel der ehem. Barockkanzel im Mittelschiff)

Adlerpult, 1619, Bronze, H. 77 cm

Kartäuserkirche

Das einschiffige, mit Kreuzrippengewölbe ausgestattete und polygonaler Apsis abschließende Gotteshaus wurde zwischen 1365 und 1393, dem Jahr der Hochaltarweihe, in den schlichten Formen einer gotischen Klosterkirche errichtet. Die Kirche unterstand dem Orden der Kartäuser, der kurze Zeit vorher, im Jahre 1334, auf Betreiben des Kölner Erzbischofs Walram in der Domstadt eingerichtet und ein Jahr später mit Mönchen aus der Mainzer Kartause besetzt wurde. Um 1425 ließen wohlhabende Stifter an der Nordseite die Engel- sowie die östlich daran anschließende Marienkapelle anbauen, die direkt in die (alte) Sakristei hinüberführte. Diese wurde im Jahre 1510 um ein Joch und den polygonalen Chorschluss erweitert, sodass sich ein insgesamt über sieben Joche erstreckender Langraum ergab. Seitdem diente die Sakristei als Kapelle, sie wird auch heute noch als Trau- und Taufkapelle genutzt. Mit dem Einbau des großen Westfensters um 1480 fanden die mittelalterlichen Baumaßnahmen schließlich ihr Ende. Einen in der Gotik errichteten Lettner, der das Gotteshaus in einen Kleriker- und einen Laienbruderteil unterteilte, ließ man im 19. Jahrhundert abreißen. Parallel zur Kirche wurden auch die Klostergebäude weiter ausgebaut, sie konnten bis zum Anfang des 15. Jahrhunderts weitgehend fertiggestellt werden. Spätere Baumaßnahmen dienten primär der Instandsetzung und Bewahrung – mit Ausnahme des 1741 errichteten Dreiflügelbaus, der die Klosteranlage bis zum heutigen Tage im Wesentlichen prägt.

Im Zuge der Säkularisation wurde das Kloster aufgelassen und die einstmals der hl. Barbara geweihte Kirche einer gän-

Ansicht von Norden

rechte Seite: Ostchor mit Neuer Sakristei rechts und modernem Kapitelhaus links

Giebelfassade im Westen

derten Nutzung zugeführt. Sie diente von nun an als Lagerraum eines Militärlazaretts, bis sie mehr als ein Jahrhundert später wieder ihrer ursprünglichen Bestimmung zugeführt werden konnte. 1923 wurde sie der evangelischen Gemeinde von Köln übergeben, die dort nach weiteren fünf Jahren ihren ersten Gottesdienst feiern konnte. Nach schweren Kriegszerstörungen wurde das Gebäude zwischen 1949 und 1953 wiederhergestellt, wobei man sich in dem Bestreben, wieder einen schlichten Kirchenraum zu

Blick in den Klosterhof von Südwesten

schaffen, auf die Rekonstruktion des Originalbestandes konzentrierte und auf die späteren Zutaten, vor allem aus der Barockzeit, verzichtete. (Einzelne Spuren der barocken Malerei finden sich noch auf der Südseite.) Die Ausstattung des Innenraums wurde zwei zeitgenössischen Künstlern übertragen: dem Kölner Bildhauer Gerhard Marcks und dessen Künstlerfreund Charles Crodel, dem die Ausführung der farbigen Glasfenster oblag.

Das Äußere der einheitlich weiß getünchten Kartäuserkirche bestimmt im Osten die polygonale Chorapsis im 5/8-Schluss, die durch hohe Spitzbogenfenster mit Maßwerkfüllungen zwischen den markanten Strebepfeilern rhythmisiert wird. Den Westabschluss bildet eine dreigeschossige Giebelfassade, hier sind das großdimensionierte spitzbogige Maßwerkfenster von 1490 sowie ein kleines Eingangsportal aus der Barockzeit die dominierenden Gliederungselemente. Das Langhaus erstreckt sich zu sieben Jochen, die am Außenbau durch den regelmäßigen Wechsel von Strebepfeilern und Maßwerkfenstern in Erscheinung treten. Sie werden gemeinsam mit dem in gleicher Höhe abschließenden Polygon des Chors von einem steilen Satteldach überfangen. Der spitze, schieferverkleidete Dachreiter ist eine moderne Konstruktion, der, ähnlich wie die Minoriten- und Antoniterkirche, den Bau als (ehemalige) Klosterkirche ausweist. An der Nordseite wird das Langhaus von zwei unterschiedlich hohen, hintereinander angeordneten Langräumen flankiert: der dreijochigen Neuen Sakristei und der aus insgesamt vier Jochen bestehenden Marien- und Engelkapelle, die im Jahre 1247 der hl. Barbara geweiht wurden. Im Süden schließt in Höhe des Chorabschlusses das neu errichtete, 1985 fertiggestellte zweigeschossige Kapitelhaus direkt an die Kirche an, das zugleich die östliche Begren-

Grisaille mit dem Martyrium des Apostel Paulus an der Südwand (Rest der barocken Ausmalung von 1747)

Blick in Langhaus und Chor

zung des ehemaligen Klosterhofes, der sogenannten Kleinen Galiläa, bildet.

Das Innere der Saalkirche präsentiert sich als ein langgestreckter, kastenartig anmutender Einraum, eine architektonische Trennung zwischen Langhaus und Chor fehlt. Vier paarweise aufeinander bezogene Marmorportale gliedern die Sockelzone, die nach oben durch die Sohlbänke der darüberliegenden großen Maßwerkfenster begrenzt wird. Das den gesamten Kirchenraum überspannende Kreuzrippengewölbe endet nicht am Boden, sondern wird von im oberen Raumdrittel ansetzenden Konsolen abgefangen, sodass der Raum optisch an Höhe gewinnt. Die 1953 installierte Kanzel und der Altar mit Kreuz und vier Bronzeleuchtern sowie das Taufbecken stammen von Gerhard Marcks (1889–1981). Auf Charles Crodel (1894–1973) gehen die einem komplexen ikonographischen Programm folgenden farbigen Glasfenster in Chor, Langhaus und den angrenzenden Kapellen zurück, die der Münchner

Charles Crodel, linkes Chorfenster mit dem Sakrament der Taufe (Detail), 1953/59

links: Figürliche Konsole in der Neuen Sakristei

rechts: Figürliche Konsole in der Engelkapelle

Künstler zwischen 1953 und 1959 für den Kirchenraum entworfen hat. Im Zentrum des das gesamte Gotteshaus einbeziehenden Zyklus stehen die drei schlanken, hohen Chorfenster, deren mittleres Szenen aus dem Leben Jesu zeigt; es wird rechts und links vom Abendmahl- und Tauffenster flankiert, in denen die beiden protestantischen Sakramente bildhaft thematisiert werden. In den sechs Rundmedaillons des anschließenden nordöstlichen Langhausfensters folgen Darstellungen alttestamentlicher Ereignisse, während die fünf Fenster an der Südwand des Langhauses, die vornehmlich in Grisaille gehalten sind, von der Geschichte der Kölner Kartause, vom Weinbau, von der Kunst der Glasbläserei und von anderen Begebenheiten berichten.

Im nordwestlichen Abschluss des Langhauses führt eine Tür in die Marien- und Engelkapelle, die sich insgesamt in vier kreuzrippengewölbte Joche gliedert. Die Gurt- und Kreuzrippen des Gewölbes in der die beiden westlichen Joche einnehmenden Engelkapelle werden von Konsolen aus Kalkstein aufgefangen, die in Form von skulptierten Bildwerken ausgestaltet sind. Es konnten sich insgesamt zwölf dieser in den 1960er-Jahren restaurierten und teilweise ergänzten Gewölbekonsolfiguren erhalten, deren verbindendes ikonographisches Programm aus Szenen aus dem Marienleben besteht: darunter Maria, der Engel der Verkündigung, ein kniender König sowie mehrere Apostel. Die figürlichen Gewölbekonsolen setzen sich in der in den beiden östlichen Jochen anschließenden zweijochigen Marienkapelle fort. In der gesamten Raumfolge sind die Gewölbefelder, die

Christus auf der Rast, Kalksteinskulptur, Münsteraner Werkstatt, 1520

Blick in die Marien- und Engelkapelle mit anschließender Neuer Sakristei

Sterngewölbe in der Neuen Sakristei

teilweise (im dritten und vierten westlichen Joch) von skulptierten Schlusssteinen bekrönt werden, mit reichen spätgotischen, nach den ursprünglichen Vorlagen restaurierten Malereien aus Blumen und Blattranken verziert. Als freistehendes spätgotisches Bildwerk findet sich schließlich im Kapellenraum, am Fuße der hölzernen Wendeltreppe und unmittelbar am heutigen Eingang zur Kirche, die Kalksteinskulptur des *Christus auf der Rast*. Bei diesem handelt es sich um eine relativ seltene, in den Evangelien nicht niedergeschriebene ikonographische Variante des Schmerzensmanns, die im Jahre 1520 in einer Münsteraner Werkstatt ausgeführt wurde.

Als der zweifellos schönste hochgotische Raum Kölns darf die östlich an die Marien- und Engelkapelle anschließende, etwas niedrigere dreijochige Neue Sakristei bezeichnet werden. Ihr besonderer Schmuck ist das reiche, regelmäßig gebildete Stern- bzw. Netzgewölbe, dessen filigran profilierte Rippen in Schwüngen und Schleifen den gesamten Deckenabschluss überziehen. Ähnlich wie in der Marien- und Engelkapelle sitzen auch hier die Rippen auf kunstvoll gestalteten Konsolen auf. Den Altar schmückt heute ein niederländisches Triptychon mit der *Anbetung der Hl. Drei Könige*, das um die Mitte des 16. Jahrhunderts ausgeführt wurde.

St. Kolumba (Museum Kolumba)

Einstmals war St. Kolumba eine der größten Pfarrgemeinden im mittelalterlichen Köln, von dessen ursprünglicher Bausubstanz sich nur sehr wenig erhalten konnte. Wer heute die Kirche sucht, sollte sich besser im Kölner Museumsführer informieren – ist doch das ehemalige Gotteshaus seit dem Jahre 2007 Bestandteil des vom Schweizer Architekten Peter Zumthor errichteten Erzbischöflichen Diözesanmuseums Kolumba. In dem monolithisch und zugleich filigran anmutenden Gebäudekomplex verbinden sich archäologische Grabungsstätte, mittelalterliche Kirchenruine, die in ihrer Funktion selbständige Kapelle „Madonna in den Trümmern" sowie die Kunstsammlung des Erzbistums Köln zu einem Gebäudeensemble, das trotz – oder gerade wegen – seiner Geschlossenheit den jeweiligen Teilen ihre Eigenständigkeit belässt.

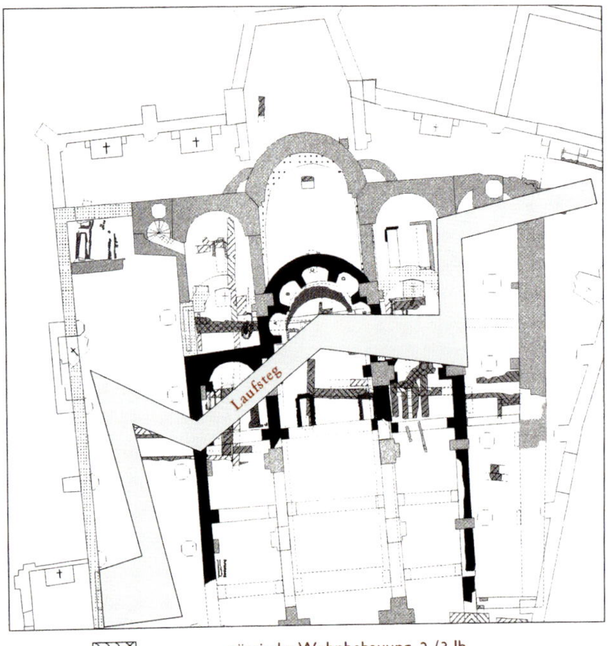

		römische Wohnbebauung, 2./3. Jh.
		spätrömisch, 2. Hälfte 4./1. Hälfte 5. Jh.
	Bau I	fränkische Apsis an römischem Haus, um 700
	Bau II	karolingische Saalkirche, vor 850
	Bau III	dreischiffige romanische Kirche, Mitte 11. Jh.
		Erweiterungen, 12. Jh. und 13. Jh.
	Bau IV	spätromanischer Umbau, 1. Hälfte 13. Jh.
	Bau V	fünfschiffige gotische Kirche, um 1500

Ein erster Sakralbau an dieser Stelle ist für die Mitte des 9. Jahrhunderts bezeugt, als zu Seiten einer ehemaligen römischen Villa eine kleine einschiffige Kirche errichtet wurde, die der hl. Kolumba geweiht war. Die Legende berichtet, dass Kaiser Aurelian die Heilige, eine jungfräuliche Märtyrerin, in Sens enthaupten ließ, da sie sich als Christin geweigert hatte, seinen Sohn zu ehelichen. Aus dem kleinen Vorgängerbau erwuchs dann im 11. Jahrhundert eine dreischiffige romanische Kirche, die man aufgrund der ständig anwachsenden Gemeinde im 15. und 16. Jahrhundert zu einer fünfschiffigen Emporenbasilika ausbaute. So erhielt der Erweiterungsbau neue Umfassungsmauern, Pfeilerstellungen, Gewölbe und Dächer sowie ein Sakramentshaus (1470), zugleich wurden die von der romanischen Vorgängerkirche übernommenen Teile dem Stilrepertoire der Spätgotik angepasst. (Einzelne Reste der mittelalterlichen Anlage wurden, sozusagen als architektonische Zitate, in den Museumsneubau integriert.) Im 17. Jahrhundert kam es dann zur Einwölbung des Chors, wie auch das gesamte Kircheninnere im Geist des Barocks umgestaltet wurde. Weitere umfangreiche Sanierungsmaßnahmen folgten im 19. Jahrhundert, deren Resultate, wie die gesamte Anlage, den Bombardements des

Zweiten Weltkriegs zum Opfer fielen. So konnten sich lediglich geringfügige Reste der Umfassungsmauern und eine einzelne Marienstatue erhalten, die in der Nachkriegszeit bei den Kölnern unter dem Namen „Trümmermadonna“ traurige Berühmtheit erlangte.

Zu Ehren der „Trümmermadonna“ und um der Gemeinde von St. Kolumba wieder einen Raum für den Gottesdienst zu geben, beschloss man 1947 den Bau einer Gnadenkapelle, der eingeschossigen Marienkapelle, die, nach Plänen des Kölner Architekten Gottfried Böhm im Jahre 1950 vollendet, die Gestalt eines schlichten achteckig angelegten, zeltartigen Zentralbaus einnahm; dieser wurde 1956/57 durch die quadratische Sakramentskapelle nach Norden erweitert. Im verbliebenen und umgebauten Turmstumpf im Südwesten befindet sich heute eine kleine Eingangshalle mit einem Bärenrelief und dem runden Heilig-Geist-Fenster von Johan Thorn-Prikker. Im anschließenden Hauptraum fällt durch Georg Meistermanns rundbogiges Katharina-von-Siena-Fenster im Westen

Mauerfragmente vom spätgotischen Sakramentshaus, (r. o. und r. u.) und vom Kirchenschiff (l. o.), dahinter das Museum Kolumba

Sog. Trümmermadonna, 1460/80

Blick in die Gnadenkapelle

Licht auf Altar und Chor der Marienkapelle, deren Fußboden mosaikartig aus Trümmerresten der alten Kirche zusammengesetzt wurde. Die Ostwand des Chors wird durch schmale vertikale Betonrippen gegliedert, zwischen denen schlanke, von Ludwig Gies entworfene Farbverglasungen eingelassen sind. Genau in der Mittelachse der östlichen Chorpartie steht auf einer Konsole und unterhalb eines Baldachins die „Trümmermadonna", die, zwischen 1460 und 1480 angefertigt, niederrheinisch-kölnischer Provenienz ist. Die nach Norden anschließende Sakramentskapelle ist ein höhlenartig wirkender, fensterloser Raum, in dessen Zentrum ein neuzeitliches Tabernakel mit vier der Betondecke entgegenstrebenden marmornen Lichterbäumen steht. Der Raum ist dem Gebet und der Stille vorbehalten.

Mosaikboden in der Gnadenkapelle

Einen informativen Einblick in die Chronik von St. Kolumba erhält man im Inneren des Museums, das sich fugenlos aus dem Bestand der spätgotischen Kirchen-

Freigelegte Ausgrabungen im Museum Kolumba

ruine nach Norden entwickelt. Hier sind im Untergeschoss in Raum 3 die archäologischen Ausgrabungen zu besichtigen, über die ein in Zickzackform angelegter Laufsteg hinwegführt. Die ausgegrabenen Fundamente dokumentieren die verschiedenen Phasen, die das Bauwerk von der Spätantike bis ins Spätmittelalter durchlaufen hat: Reste der römischen Wohnbebauung (2. bis 5. Jahrhundert), die an ein römisches Wohnhaus angefügte Apsis aus merowingischer Zeit (um 700), die karolingische Saalkirche (vor 850), die dreischiffige romanische Kirche aus der Mitte des 11. Jahrhunderts (mit Erweiterungen des 12. Jahrhunderts), der spätromanische Umbau (erste Hälfte des 13. Jahrhunderts) sowie die fünfschiffige gotische Emporenbasilika (um 1500). Den hinteren Teil des großdimensionierten Ausstellungsraums begrenzen auf der rechten Seite die Außenwände der Marienkapelle, während links ein Weg zur ehemaligen eingeschossigen Sakristei von St. Kolumba führt, die außerhalb der Kirche lag. Hier steht inmitten der mittelalterlichen Mauerreste Richard Serras Stahlskulptur *The Drowned and the Saved* (Die Untergegangenen und die Geretteten) von 1992/97.

„The drowned and the Saved" (Die Untergegangenen und die Geretteten), 1992/97, Stahlskulptur von Richard Serra in der ehem. Sakristei

St. Kunibert

St. Kunibert ist die jüngste der großen romanischen Kirchen Kölns. Geweiht wurde die spätstaufische Gewölbebasilika im Jahr 1247, also ein Jahr vor der Grundsteinlegung des Domes, mit der die Gotik in der Stadt – wie im gesamten Deutschen Reich – endgültig Einzug halten sollte. Die Anfänge des Gotteshauses reichen bis ins 7. Jahrhundert zurück, als der merowingische Reichsbischof Kunibert an dieser Stelle eine dem hl. Clemens geweihte Kirche errichten ließ. Diese stand direkt über einem, vermutlich auf ein vorchristliches Heiligtum zurückgehenden Brunnen, dem sog. Kunibertspütz. Das Clemens-Patrozinium sollte nur relativ kurze Zeit bestehen, berichten doch schon die Chroniken des 9. Jahrhunderts von einem Stift St. Kunibert an gleicher Stelle. Nach der Erhebung der Gebeine Kuniberts und der 1168 erfolgten Kanonisierung des Heiligen wurde im Jahr 1200 der Grundstein zum spätromanischen Neubau gelegt, der sich – zwischen 1210 und 1215 mit dem östlichen Umgangschor beginnend und dem Westteil 1261 abschließend – als ein relativ geschlossener Baukörper präsentierte. Der im ursprünglichen

1 *Schatzkammer*
2 *Hl. Quirinus*
3 *Madonna*
4 *Bronzeleuchter*
5 *Kalvarienberg und Grablegung*
6 *Pietà*
7 *Verkündigungsgruppe*
8 *Meinershagen-Triptychon*
9 *Taufkapelle*
10 *Sakramentshaus*
11 *Bodenplatte*
12 *Reliquienschrank*
13 *Marienkapelle*
14 *Triptychon (Georgslegende)*
15 *Ewaldischrein*
16 *Kunibertsschrein*
17 *Spätromanischer Fensterzyklus*

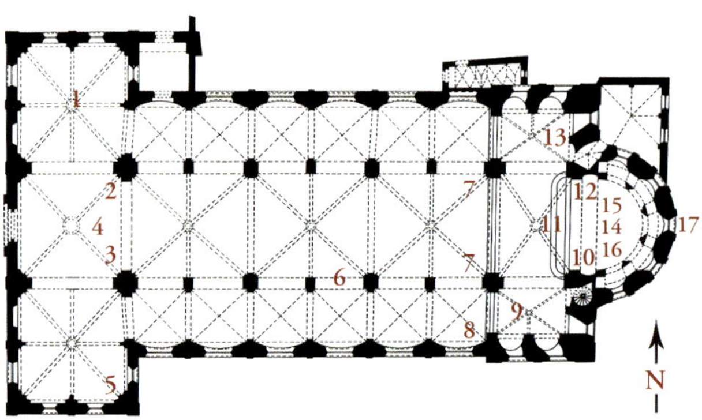

St. Kunibert auf Anton Woensams Stadtansicht von 1531

Ansicht von Nordosten, um 1935

Plan vermutlich gar nicht vorgesehene Westturm entstand als letzter Bauteil. Es hatte sich nämlich im Verlauf der Bauarbeiten herausgestellt, dass es für die östliche Chorpartie mit ihren beiden flankierenden Türmen eines optischen Pendants im Westen bedurfte. Dieses wurde dann über einer provisorischen Substruktion errichtet, die sich für einen solch mächtigen Baukörper auf die Dauer jedoch als unzureichend erweisen sollten. So ist auch zu erklären, dass der bereits durch einen Brand im späten 14. Jahrhundert schwer beschädigte und danach in gotischen Formen wiederaufgebaute Turm am 28. April 1830 durch einen schweren Sturm – zusammen mit dem Westbau und der Vorhalle – zum Einsturz gebracht wurde. Es folgte bis 1860 ein Wiederaufbau in historistischer Manier, der seinerseits den schweren Bombardements des Zweiten Weltkriegs zum Opfer fiel. In ihrer heutigen rekonstruierten Gestalt, die an die Anlage vor 1830 anschließt, erweist sich die durch hohe rundbogig geschlossene Fenster gegliederte Westpartie von St. Kunibert als ein architektonischer Kompromiss, dem es weniger um Originalgetreue als um die Wiederherstellung eines städtebaulich markanten Bauensembles geht.

Westpartie

oben: Ansicht von Süden

Die über T-förmigem Grundriss errichtete Kunibertskirche präsentiert sich als eine dreischiffige Gewölbebasilika zu drei Doppeljochen mit östlicher Choranlage und ausladendem Westquerbau, den ein kräftiger Mittelturm überragt. Im Osten schließt die Anlage ganz in der Art der rheinischen Etagenchöre mit einer weiten dreigeschossigen Apsis ab. Sie ist nach dem Vorbild der Choranlagen von St. Aposteln, St. Gereon und Groß St. Martin konzipiert, wobei der Kassettenfries unterhalb der Zwerggalerie fehlt.

Ostapsis

Achtpassrosette am Südschiff

Während das flächenhaft angelegte Untergeschoss durch Rundbogenblenden über flachen Lisenen gegliedert wird, ist die Zweischaligkeit im Obergeschoss plastischer ausgebildet. Hier rahmen Bogenblenden auf Vollsäulen die rundbogigen Fenster. Rechts und links der Apsis schließen zwei rechteckig ausgebildete Querflügel an (im Norden um die Sakristei erweitert), die nur unwesentlich über die Flucht der Seitenschiffe hinausragen und von den beiden östlichen Chorflankentürmen überragt werden. Die Blendbogenfelder der beiden Turmgeschosse öffnen sich mit sparsamen Schlitz- und Schallfenstern. Die schlichten Pyramidendächer sind Resultate des Wiederaufbaus nach dem Zweiten Weltkrieg, sie ersetzen die neogotischen Knickhelme des 19. Jahrhunderts.

Im Inneren erscheint das kurze östliche Querhaus als große Chorhalle, die sich mit den beiden, von fünfteiligen Rippengewölben bedeckten Querflügeln zu einem hellen, lichtdurchfluteten Raumganzen vereint. Die Apsis ist – analog zum Äußeren – in zwei Geschosse mit Laufgängen unterteilt. Im unteren Teil gliedern fünf leicht spitzbogige, mit durchlaufenden Wülsten verzierte Arkaden auf Drillingssäulen das Halbrund, das von Nischenfenstern durchbrochen wird; im oberen Teil umrahmen kürzere Drillingssäulen mit spitzbogigen Arkaden die großen rundbogigen Fensteröffnungen. An die mit einem vierteiligen Wulstrippengewölbe überfangene Vierung schließt nach Westen das dreijochige, basilikal gestufte Langhaus an, in dem einem nahezu quadratischen Mittelschiffjoch jeweils zwei quadratische Seitenschiffjoche im gebundenen System zugeordnet sind. Kreuzförmig ausgebildete Pfeiler tragen die Gurtbögen, während im Wechsel eingestellte Rechteckpfeiler die zu den Seitenschiffen überführenden Scheidarkaden auffangen. Der Obergaden gliedert sich in eine un-

rechte Seite: Ansicht von Osten

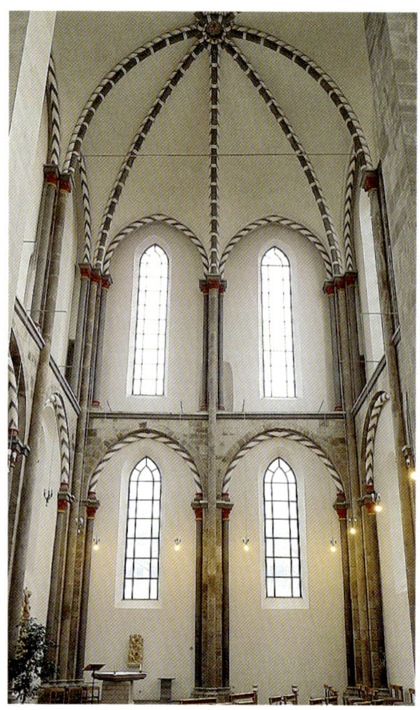

links: Westbau

rechts: Blick in den südlichen Westbau

Blick in die Chorapsis

tere Zone mit Blendtriforium und einen darüberliegenden Bereich mit großen Rundbogenfenstern, über denen das sechsteilige Rippengewölbe mit spitzen Gurtbögen ansetzt. Die Seitenschiffwände schließen mit Muldennischen ab, in die Achtpassrosetten eingelassen sind. Das im Chor und im Langhaus vorherrschende Prinzip der Zweigeschossigkeit setzt sich gleichfalls im weit ausladenden dreijochigen Westbau fort, der nahezu die Länge des Mittelschiffs erreicht. Während das Erdgeschoss eine umlaufende Blendarkatur aufweist, wird die Wandfläche im Obergeschoss durch einen Laufgang hinter hohen Diensten gegliedert.

Blick von Westen in Langhaus und Chor; vorne der fünfarmige Bronzeleuchter

Der Zutritt zur Kirche erfolgt von Norden durch den Westbau. Hier steht heute im Nordflügel die 1998 eröffnete Schatzkammer, deren Innenseiten in den Farben Rot, Blau, Gelb und Grau ausgestaltet sind (1). Der Raum hat die Form eines Kubus und ist mit verglasten Ecken versehen, sodass man auch von außen auf die zahlreichen Ausstellungsstücke des Stiftes blicken kann: darunter zwei Textilien (Reliquienhüllen) des 9. und 10. Jahrhunderts, zahlreiche Reliquienbüsten und -behältnisse, eine spätgotische „Paxtafel" sowie ein Prozessionsleuchterpaar. Neben diesen, primär dem liturgischen Gebrauch vorbehaltenen Kulturzeugnissen beherbergt der Kirchenraum noch weitere hochrangige Kunstwerke, die, teilweise aus ihrem ursprünglichen architektonischen Kontext herausgelöst, im Langhaus, im Westriegel und in der Chorpartie aufgestellt sind – beginnend im Eingangsbereich zum Langhaus mit dem fünfarmigen Bronzeleuchter (4), der ein Kruzifix aus dem späten 15. Jahrhundert trägt, und unmittelbar neben diesem die beiden farbig gefassten spätgotischen Holzskulpturen des hl. Quirinus von Neuss (2) am nördlichen und der Muttergottes (3) am südlichen Vierungspfeiler des Westbaus sowie ein spätgotischer *Kalvarienberg* und eine *Grablegung* vom ehemaligen Jakobusaltar, vermutlich Brabanter Arbeiten, im südlichen Westquerarm (5).

Zu den Glanzstücken von St. Kunibert gehört zweifellos die *Verkündigungsgruppe* (7) an den beiden westlichen Vierungspfeilern, die, im Jahre 1439 entstanden, dem Dombaumeister Konrad Kuyn zugeschrieben wird. Am nordwestlichen Pfeiler steht auf einer durch gotisches Maßwerk kunstvoll gestalteten Konsole der Erzengel Gabriel in demütiger Haltung. Das einstmals angefügte Spruchband mit dem „englischen Gruß" (Ave Maria, gratia plena) am – noch erhaltenen – Botenstab ist verloren. Ihm gegen-

Langhaus nach Westen

Spätgotischer Kalvarienberg im Westbau

Blick in die 1998 eröffnete Schatzkammer

Erzengel Gabriel der Verkündigungsgruppe am nordwestlichen Vierungspfeiler, 1439, Konrad Kuyn zugeschrieben

Maria der Verkündigungsgruppe am südwestlichen Vierungspfeiler, 1439, Konrad Kuyn zugeschrieben

Konsole der Maria

Hl. Quirinus am nördlichen Vierungspfeiler des Westbaus, um 1500

über, ebenfalls auf einer schön gestalteten figürlichen Konsole, wendet sich Maria in leichter Drehung vom Lesepult ab, dessen Platte von einem Pelikan getragen wird, und vernimmt die Botschaft. In ihrer Naturalistik und expressiven Gestik sind die nach erhaltenen Farbspuren neu gefassten, leicht überlebensgroßen Steinfiguren beeindruckende Zeugnisse spätmittelalterlicher Volksfrömmigkeit. Aus dem frühen 15. Jahrhundert stammt eine steinerne Pietà mit farbiger Fassung, die auf dem Altartisch des südlichen Langhausmittelpfeilers steht (6).

Von der einstmals reichen Ausstattung mit mittelalterlichen Wandmalereien haben sich – neben einzelnen Fragmenten in der Marienkapelle in der nördlichen Nische der Ostchorhalle (13) – einzig die Ausmalungen in der südlichen und nördlichen Chornische sowie in der Taufkapelle auf der Südseite der Chorhalle erhalten. Die nördliche Chornische beherbergt in ihrem unteren Teil einen Reliquienschrank mit einer vermutlich um 1220 entstandenen Kreuzigungsszene (12); dieser setzt sich nach oben in einer spitzbogig gerahmten, dreizonigen Wandnische mit drei übereinanderfolgenden Darstellungen fort: dem hl. Antonius als Einsiedler im Strohgewand, dem hl. Nikolaus von Myra mit den drei Jungfrauen und der Darstellung eines von Engeln getragenen Patriarchalkreuzes. In der ge-

Taufkapelle auf der Südseite der Chorhalle; Taufstein um 1260, Kreuzigungsfresko um 1260/70

genüberliegenden Südnische befindet sich das Sakramentshaus aus dem 15. Jahrhundert (10), dessen Bildmotive von gemalten und plastischen Architekturelementen gerahmt werden. Die Tabernakeltür in der unteren Zone zeigt eine vermutlich im 16. Jahrhundert restaurierte Kreuzigungsszene, darüber, in der in einem Spitzbogen zulaufenden oberen Zone, Christus als Weltenrichter inmitten der Apostel. Am südlichen Ende der Chorhalle befindet sich die Taufkapelle, die vermutlich früher als Reliquienkapelle (9) gedient hat. Die Wandfläche hinter dem spätromanischen Taufstein schmückt oberhalb der mit geometrischen Ornamenten versehenen Sockelzone eine sehr qualitätsvolle, um 1260/70 ausgeführte Kreuzigungsgruppe mit Maria und Johannes, deren ursprüngliche Farbigkeit sich weitgehend erhalten konnte.

In der Ostapsis steht hinter dem spätromanischen Hochaltar das ursprünglich für St. Kunibert geschaffene und 1998 wieder in die Kirche zurückgeführte Triptychon des Meisters der Georgslegende aus dem Jahre1465 (14), das von den beiden neugotischen Schreinen des hl. Kunibert und der hll. Brüder Ewaldi (15 und 16) flankiert wird. Der Klappaltar zeigt auf seiner Mitteltafel den Kalvarienberg mit Christus zwischen den Schächern, Maria und Johannes zu Füßen des Kreuzes sowie hinter ihnen die drei heiligen Frauen und sieben festlich gekleidete Ritter. Auf den beiden Außenflügeln sind die Auferstehung Christi (rechts) und die Verklärung mit Christus, Abraham und Moses vor den geblendeten Aposteln (links) dargestellt. Auf allen drei Tafeln spielt das Geschehen vor einer weitläufigen Landschaft, die – charakteristisch für die Kölner Malerschule des 15. Jahrhunderts – von einem punzierten Goldgrund hinterfangen wird.

Ein weiteres Triptychon, das sog. Meinershagen-Triptychon (8), steht auf der Mensa des südlichen Seitenaltars direkt neben dem südwestlichen Vierungspfeiler. Das im Jahre 1556 gestiftete, vermutlich in der Werkstatt des Bartholomäus Bruyn d. Ä. angefertigte Altarbild zeigt in seinem Mittelteil ein Jüngstes Gericht, in dessen oberer Hälfte Christus als Weltenrichter thront, während im unteren Teil die Gerechten dem Himmel zugeführt und die Verdammten in den Schlund der Hölle getrieben werden. Flankiert wird das Geschehen von einer Madonna mit Kind auf dem linken Seitenflügel und von Bischof Kunibert, ein Kirchenmodell in der Hand haltend und mit dem Stifter zu seinen Füßen, auf dem rechten Seitenflügel.

Nördliche Chornische mit Reliquienschrank

Südliche Chornische mit gotischem Sakramentshaus

St. Maria Ablass

Bei der Kapelle St. Maria Ablass handelt es sich um den einzigen Überrest eines großen mittelalterlichen Sakralbaus, der – bis 1808 Pfarrkirche des Damenstifts St. Ursula – im Zuge der Säkularisation im frühen 19. Jahrhundert abgerissen wurde; so war die heutige Kapelle ursprünglich ein Annexbau der untergegangenen Pfarrkirche und hieß eigentlich Liebfrauenkapelle. In einer Urkunde aus dem Jahre 927 erstmals erwähnt, wurde die Marienkirche als Schenkung Erzbischofs Wichfried an das nahegelegene Stift übergeben. Der Name der im 13. Jahrhundert als „S. Maria de campis vel avelasz“ (Maria vom Felde oder Ablass) bezeichneten Kirche, die in der nördlichen Vorstadt *Niederich* stand, geht auf einen mittelalterlichen Brauch der Kölner Erzbischöfe zurück: Diese zogen am Palmsonntag in einer großen Prozession vom Dom nach St. Gereon, wo sie die feierliche Palmweihe vollzogen. Auf dem Rückweg zum Hochamt im Dom wurde in St. Maria Ablass eine Zwischenstation eingelegt; hier hielt der Bischof im Angesicht eines von den Gläubigen stark verehrten Marienbildes eine Predigt und verkündete seine Ablässe.

Wie sich nach historischen Ansichten rekonstruieren lässt, hatte die Kirche die Gestalt einer dreischiffigen Basilika mit einem rechteckigen Turm im Westen. Um das ursprünglich an der nördlichen Außenwand angebrachte Gnadenbild vor Witterungseinflüssen zu schützen, wurde im Jahre 1431 ein Kapellenanbau errichtet, aus dem die erstmals 1528 erwähnte, in ihrer ursprünglichen Gestalt noch heute erhaltene Gnadenkapelle hervorging. Im 17. Jahrhundert entstand an deren östlichem Abschluss die niedrige zweijochige Sakristei, die durch zwei große gotisierende Fenster gegliedert wird. Im 19. Jahrhundert wurde die Kapelle nach dem Abbruch der Pfarrkirche grundlegend saniert, wobei der Westgiebel eine neugotische Fassade erhielt. Diese wurde nach 1945 wieder entfernt und durch die ungegliederte Vorderfront mit dem erhalten gebliebenen Renaissanceportal von 1687 ersetzt.

Innen präsentiert sich die kleine, heute von der russisch-orthodoxen Gemeinde genutzte Kirche als ein dreijochiger, kreuzrippengewölbter Raum, der durch die Ikonostase in zwei Abschnitte eingeteilt wird. Im Abschnitt hinter der Bilderwand befindet sich im letzten Joch das mittelalterliche Gnadenbild der Muttergottes, das mehrfach übermalt und zuletzt nach dem Zweiten Weltkrieg restauriert wurde. Das in einer schlichten Bildsprache gehaltene Fresko zeigt Maria, auf dem Thron sitzend, mit dem Jesusknaben auf

Fußfessel des Kreuzfahrers Bruno Ritter von Mauenheim (13. Jahrhundert ?)

Mittelalterliches Gnadenbild (mehrfach übermalt und restauriert)

ihrem Schoß und einer weißen Rose in ihrer Rechten. Der Hintergrund der Komposition wird durch rote und weiße Horizontalstreifen gegliedert, auf die zitathaft wirkende Gegenstände (eine Blume, ein Behältnis, ein Kelch, ein Stern u. a.) aufgemalt sind. An der Südwand im zweiten westlichen Joch hängt ein Votivbild des 18. Jahrhunderts, das seinerseits über die Geschichte des Gnadenbildes berichtet. Über dem Votivbild ist eine alte Fußfessel angebracht, die an eine Legende erinnert, nach der im 13. Jahrhundert der Kreuzfahrer Bruno Ritter von Mauenheim auf wundersame Weise von der Muttergottes aus türkischer Gefangenschaft befreit worden sein soll. Nach seiner Rückkehr betete er am Gnadenbild und hängte aus Dankbarkeit seine Fessel neben dem Bildnis seiner Retterin auf.

Ansicht von Nordwesten

St. Maria im Kapitol

Ansicht von Süden, um 1920

St. Maria im Kapitol ist die älteste der zwölf erhaltenen romanischen Kirchen Kölns und gilt zugleich als eines der bedeutendsten Monumente salischer Baukunst. Die Gründung des einstigen Damenstifts wird um das Jahr 690 vermutet, als Plektrudis, die Gattin des merowingischen Hausmeiers Pippin, auf der Stelle des leicht erhöht gelegenen römischen Kapitolstempels aus dem 1. Jahrhundert eine Eigenkirche errichten ließ (daher auch der seit dem 12. Jahrhundert gebräuchliche Beinamen „in capitolio"). Erzbischof Bruno gründete an gleicher Stelle um die Mitte des 10. Jahrhunderts ein Kanonissinenstift. Während der Normanneninvasion des Jahres 882 in Schutt und Asche gelegt und in den folgenden eineinhalb Jahrhunderten als Provisorium genutzt, kam es unter dem Kölner Erzbischof Herimann II. und seiner Schwester Ida, Äbtissin des Benediktinerinnenklosters und Verwandte des Kaiserhauses, um die Mitte des 11. Jahrhunderts zur Errichtung des salischen Neubaus, der sich in seiner Kerngestalt bis auf den heutigen Tag erhalten hat. Sein zweifellos markantestes Bauglied ist der kleeblattförmige Dreikonchenchor im Osten – der erste seiner Art im Abendland überhaupt, der als innovative Bauform die Sakralarchitektur bis zum Ende der Stauferzeit, insbesondere im Rheinland, nachhaltig beeinflusste. Vermutlich hatte die

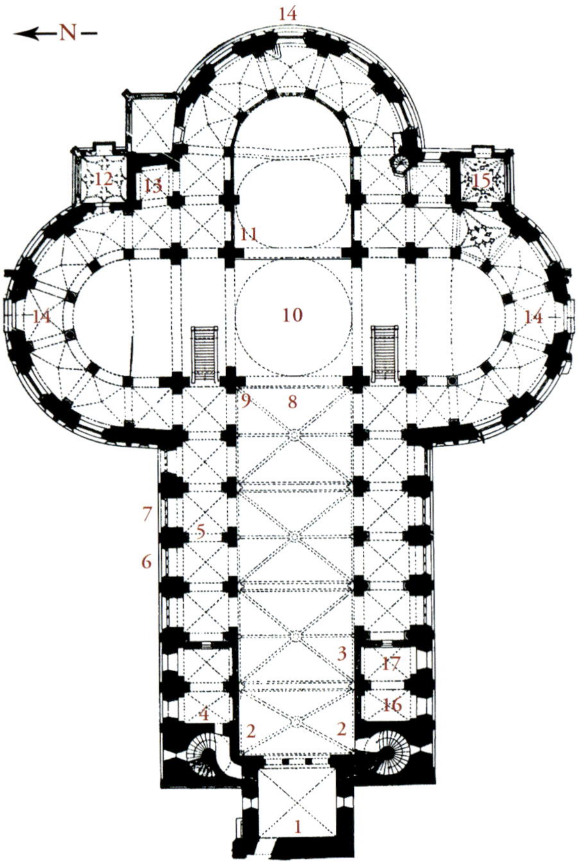

1 *Grablegung*
2 *Barocke Malereifragmente*
3 *Gotische Grabplatte der Plektrudis*
4 *Glasaugenmadonna*
5 *Romanische Grabplatte der Plektrudis*
6 *Kreuzigungsfenster*
7 *Ursulafenster*
8 *Lettner*
9 *Sog. Limburger Madonna*
10 *Krypta*
11 *Sog. Hermann-Josef-Madonna*
12 *Hirtz-Kapelle*
13 *Crucifixus dolorosus*
14 *Glasfenster*
15 *Hardenrath-Kapelle*
16 *Romanische Bildertür*
17 *Walrippen*

Ansicht von Norden

links oben: Kirchenmodell (von der Plektrudis-Grabplatte im westlichen Mittelschiff), 1280/90–1300

Kenntnis von der Geburtsgrotte in Bethlehem, die im 6. Jahrhundert unter Kaiser Justinian errichtet worden war, den Kölner Baumeister zu seiner bahnbrechenden Lösung inspiriert.

Das Zentrum der nach Osten, Norden und Süden angelegten Dreikonchenanlage markiert die quadratische Vierung, die von vier großen Rundbögen über kreuzförmigen Pfeilern gebildet wird, und über der sich einst vermutlich ein hoher Turm erhob. Unterhalb des Trikonchos, der deutlich über die Fundamente des römischen Tempels hinausgreift, liegt die Hallenkrypta, die mit seitlichen Annexen in Langhausbreite versehen ist. In Anlage und Größe steht sie unverkennbar in der Tradition der frühsalischen Krypta des Speyerer Domes, die 1041 geweiht wurde. Nach Westen schließt ein basilikales, über den römischen Tempelfundamenten errichtetes Langhaus mit ausladendem Mittelschiff und schmalen Seitenschiffen an; Letztere setzen sich als Umgang um den Trikonchos fort. Während die drei Halbkreiskonchen wie auch die Seitenschiffe bereits zur Bauzeit gewölbt waren, erhielt das Langhaus (einschließlich der Vierung) zunächst eine flache Holzdecke. Erst um 1240 wurden auch hier Gewölbe eingezogen, dessen Dienstansätze heute noch auf der Wand zu erkennen sind. Dem Langhaus vorgelagert ist am östlichen Ende des Kreuzgangs ein Vorbau, der ehemalige Westchor. Als Dreiturmgruppe ausgebildet, wie auf Anton Woensams Holzschnitt von 1531 gut

St. Maria im Kapitol in Anton Woensams Stadtansicht von 1531

links: Ostkonche

Westbau (vereinfachte Rekonstruktion nach dem Zweiten Weltkrieg)

unten: Krypta nach Osten

zu sehen, beherbergte der westliche Vorbau in seinem Inneren ursprünglich die (heute noch erhaltene) Damenempore. Nach mehreren Einstürzen im 17. und 18. Jahrhundert wurde der Glockenturm im Zentrum in bescheidenerer Dimension und in geringerer Größe wiederaufgebaut, wie auch die baufällig gewordenen Seitentürme auf ihre heutige Höhe reduziert wurden. Beim Wiederaufbau nach 1945 verzichtete man dann ganz auf den Mittelturm und passte die Westfassade der Firsthöhe des Mittelschiffs an.

Im Jahre 1049 weihte Papst Leo IX. im Beisein von Kaiser Heinrich III. und – wie es die Chroniken berichten – in Anwesenheit von 72 Bischöfen den Kreuzaltar, 1065 nahm Erzbischof Anno II. die Schlussweihe vor. Um die Mitte des 12. Jahrhunderts wurden die Obergaden von Nord- und Südkonche erneuert sowie die Vorhallen errichtet, bis zwischen 1200 und 1210 eine vollständige Umgestaltung der Ostkonche erfolgte; diese sollte in ihrer Zweischaligkeit im Inneren und ihrer durch Blendarkaden, Kassettenfries und Zwerggalerie akzentuierten Gliederung des Äußeren den etwas späteren Dreikonchengestaltungen von St. Aposteln und Groß St. Martin als direktes Vorbild dienen. Gleichzeitig kam

Säulenstellung am Übergang von der Nord- zur Ostkonche

es zu einer zunehmenden Betonung der Längsrichtung gegenüber dem ursprünglichen Zentralbaucharakter des Trikonchos, die mit der Einwölbung des Mittelschiffs ihren Abschluss fand.

Nach der Schlacht von Worringen im Jahre 1288, als Köln die Unabhängigkeit vom Erzbischof erreichte, wurde St. Maria im Kapitol immer mehr die Bestimmung einer Stadt- als einer Stiftskirche zuteil. So fanden hier beispielsweise die Einführungen der Kölner Bürgermeister statt, oder es wurden offizielle Trauerfeiern beim Tod prominenter Persönlichkeiten des Reichs abgehalten. Mit dieser neuartigen Funktion einher gingen auch zahlreiche weltliche Stiftungen, die, vor allem im 15. Jahrhundert, zur weiteren Ausstattung des Gotteshauses beitrugen: So beauftragte der nach Köln zugewanderte wohlhabende Neubürger und Ratsherr Johann Hardenrath die Werkstatt des Dombaumeisters Konrad Kuyn mit der Errichtung der Chorschranke zwischen den Umgangssäulen der Ostkonche, dieser folgte 1466 ein quadratischer Annexbau mit Altarerker im Winkel zwischen südlicher Zwickelkapelle und Süd-

Trikonchos von Nordosten

ehem. Kreuzgang, Westflügel

Langhaus nach Westen

konche, die nach ihm und seiner Gattin benannte Hardenrath-Kapelle.

1493 entstand der vom Ratsherrn, Bürgermeister und Universitätsprofessor Johann von Hirtz gestiftete Kapellenanbau, der sozusagen spiegelbildlich zur Hardenrath-Kapelle im Winkel zwischen Nordkonche und nördlicher Zwickelkapelle angelegt wurde. Die großartigste Stiftung folgte dann ein Vierteljahrhundert später mit dem von den Familien Hackeney und Hardenrath in Auftrag gegebenen und im Jahre 1525 installierten Lettner (8), der von nun an – am Eingang zur Vierung aufgestellt – den Kleeblattchor vom Langhaus trennte. Nur 20 Jahre später als der spätgotische Lettner von St. Pantaleon entstanden, zählt er heute zu den wenigen Zeugnissen der frühen Renaissance in Köln. Getragen wird die begehbare Lettnerempore von acht Bündelpfeilern, wobei der Architrav oberhalb der Pfeiler halbkreisförmig nach unten ausläuft. Die beiden Brüstungen sind aus belgischem Granit, Namurer Blau-

Langhaus nach Osten

stein sowie aus weißem Kalkstein gefertigt und mit jeweils einer Reihe von kreisförmigen Wappenmedaillons, Reliefeldern und Figurennischen, die von Baldachinen bekrönt und von Pilastern seitlich begrenzt werden, aufwändig geschmückt: Die querrechteckigen Reliefs der Westseite zeigen vier Szenen aus der Kindheit Jesu, dazwischen stehen zehn Prophetenfiguren; die Ostseite gliedern neben zwölf Heiligenfiguren vier Darstellungen des Letzten Abendmahls und diesem typologisch zugeordnete Szenen aus dem Alten Testament (Abraham und Melchisedech, Mannaregen und Speisung des Elias).

Die Trennung zwischen Chor und Langhaus wurde wieder aufgehoben, als man 1765 im Zuge der barocken Neuausstattung der Kirche den Lettner abtrug und ihn in seinen Einzelteilen an der Westwand und den hinteren Wänden der Seitenschiffe erneut aufstellte. Nach schwerer Zerstörung im Zweiten Weltkrieg und anschließender Restaurierung wurde er im Jahre 1985 am (nahezu) ursprünglichen Ort wieder errichtet und 1991 mit der großen Klais-Orgel ausge-

Blick in die spätgotische Hardenrath-Kapelle, 1466

links: Südschiff nach Westen

rechts: Nordschiff nach Westen

rechte Seite: Blick in die Ostkonche

Lettner, Mecheln 1517/25, mit der neuen, 1991 errichteten Orgel

Lettner, Mittelpartie

stattet – wie im Ganzen die Kriegsschäden zur Folge hatten, dass St. Maria im Kapitol in weiten Partien im Geiste des salisch-staufischen Baubestands rekonstruiert werden konnte. So setzte man im Westbau anstelle der frühgotischen Gewölbe wieder eine flache Holzdecke ein, die Hardenrath-Kapelle im Süden wurde originalgetreu rekonstruiert, ebenso wie die spätgotischen Chorschranken in der Ostkonche wieder installiert und der ge-

Verkündigung an Maria	Heimsuchung
Verkündigung an die Hirten	Geburt Christi
Die Drei Könige vor Herodes	Anbetung der Drei Könige
Traum Josephs	Flucht nach Ägypten
Herodes erfährt, die Drei Könige seien nicht zurückgekehrt	Bestrafung eines Schriftgelehrten
Lanzenausgabe	Kindermord zu Bethlehem
Darbringung im Tempel	Taufe Christi im Jordan
Drei Versuchungen Christi durch	

Einzug in Jerusalem	
Blinden-heilung	Aufweckung des Lazarus
Christus am Ölberg	Berufung (oder Primat ?) des Petrus
Letztes Abendmahl	
Himmel-	Kreuzigung
fahrt	Frauen am Grabe
Erscheinung Christi vor den Jüngern und Aussendung	
den Teufel	Christus und die Engel

Romanische Bildertür (Programm)

samte Trikonchos aufgemauert und in den Formen des 11. und 12. Jahrhunderts steinmetzmäßig ausgestattet wurden.

In St. Maria im Kapitol konnte sich eine große Zahl von Ausstattungsstücken bzw. Kunstwerken erhalten, deren ältestes die zweiteilige *romanische Bildertür* (16) von 1065 und deren jüngstes der 1978/79 abgeschlossene Glasfensterzyklus im Dreikonchenchor ist. Die Bildertür mit ihren 26 Reliefs ist die einzig erhaltene Holztüre des Mittelalters, die neben einer größeren Zahl von Bronzetüren die Zeitläufte relativ unbeschadet überstanden hat. Von Typus und Programm steht sie in der Folge spätantik-frühchristlicher Kirchentüren, wie sich in dem um 432 entstandenen Holzportal von Santa Sabina all'Aventino in Rom ein herausragendes Beispiel erhalten hat. Die beiden Flügel sind jeweils durch 13 in Holz geschnitzte und farbig gefasste Hochreliefs gegliedert, in denen die dargestellten Figuren nahezu vollplastisch herausgearbeitet sind. Mit Rankenornament besetzte Leisten bilden den äußeren Rahmen, während mit Flechtbandmustern versehene Leisten die einzelnen Bildfelder voneinander trennen. Beide Flügel gliedern sich in jeweils drei querrechteckige und zweimal zwei Zeilen mit je zwei leicht hochrechteckigen Tafeln. Sie stellen in ihrer Gesamtprogrammatik das Leben Jesu von der Verkündigung bis zum Pfingstfest dar. Der linke Flügel berichtet von der Kindheit und Jugend, im rechten Flügel setzt sich die biblische Geschichte mit der Passion, der Auferstehung und der Erscheinung Christi vor den Jüngern fort. Die vier hochrechteckigen Tafeln in der untersten Reihe ergänzen das Programm und zeigen, über beide Flügel verteilt, die Versuchungen Jesu Christi durch den Teufel und seine Lobpreisung durch die Engel. Noch gut erhaltene Restpartien der originalen Farbfassung lassen die einstige Farbigkeit der Darstellungen erahnen, die ihre stilistischen Parallelen in der zeitgenössischen Buchmalerei und Goldschmiedekunst sowie der Elfenbeinschnitzerei an Rhein und Maas hatten. Die Türe, die nachweislich zum Urkonzept des gesamten Baus gehörte und das Portal im Scheitel der nördlichen Konche schloss, war vermutlich zur Kreuzaltarweihe im Jahre 1049 provisorisch fertiggestellt, zur Schlussweihe 1065 hatte sie dann mit dem Auftrag der kostbaren Farbfassung ihre endgültige Gestalt angenommen.

Neben diesem Hauptwerk der salischen Schnitzkunst finden sich über den gesamten Kirchenraum verteilt noch zahlreiche weitere mittelalterliche Bildwerke aus Stein und Holz: Gleich im Eingangsbereich steht die vom Kanoniker Hein-

Romanische Bildertür mit 26 Szenen zur Kindheit und zur Passion Christi, Köln, Mitte 11. Jahrhundert

Grablegungsgruppe, frühes 16. Jahrhundert

rechts: Sog. Limburger Madonna, oberrheinisch, um 1300

rich von Berchem gestiftete Grablegungsgruppe aus dem 16. Jahrhundert (1), der im anschließenden westlichen Langhaus zwei Grabplatten mit Darstellungen der Kirchengründerin Plektrudis folgen. Die ältere von beiden, die sich heute im nördlichen Seitenschiff befindet, stammt aus dem dritten Viertel des 12. Jahrhunderts (5) und wurde vermutlich in einer Kölner Werkstatt angefertigt. Das Kalksandsteinrelief zeigt Plektrudis in stehender Haltung als Beterin mit Spruchband, der ihr Haupt umrahmende Muschelnimbus überhöht sie in den Stand einer Heiligen. Mit einer Lilienkrone wie eine weltliche Herrscherin hingegen wiedergegeben ist die Stifterin auf der zwischen 1280/90 und 1300 gefertigten Grabplatte (3), die ebenfalls im westlichen Mittelschiff, an dessen Südwand, aufgestellt ist. Plektrudis ist hier von einer kleeblattartig geschlossenen Nische umrahmt, an

links: Romanische Grabplatte der Plektrudis, Köln, 3. Viertel 12. Jahrhundert (Ausschnitt)

rechts: Gotische Grabplatte der Plektrudis, Köln 1280/90–1300

deren oberem Abschluss zwei Leuchter tragende Engel dargestellt sind. In ihrer Linken hält sie ein Modell der Kirche, das die von einem Vierungsturm bekrönte Dreikonchenanlage zeigt.

Direkt vor dem Lettner steht die sogenannte *Limburger Madonna* (9), die nicht zur ursprünglichen Ausstattung der Kirche gehörte. Sie wurde im 19. Jahrhundert in einem Dorf nahe der pfälzischen Klosterruine Limburg bei Bad Dürkheim gefunden und gelangte 1879 über den Kunsthandel nach St. Maria im Kapitol, wo sie am heutigen Standort aufgestellt wurde. Um 1300 angefertigt, steht sie in ihrer Stilistik der oberrheinischen Skulptur der Gotik nahe, sie dürfte vermutlich in Straßburger oder Freiburger Werkstätten geschnitzt worden sein. Kopf und linker Arm des Christuskindes sowie die Marienkrone sind spätere Ergänzungen, ebenso wie die farbige Fassung jüngeren Datums ist. Eine eher archaisch anmutende, zwischen 1150 und 1250 zu datierende Darstellung der Thronenden Muttergottes mit Kind (auch *Glasaugenmadonna* genannt) befindet sich an der Westwand des nördlichen Seitenschiffs (4). Sie war ursprünglich – wovon die starken Witterungsspuren zeugen mögen – für eine Anbringung am Außenbau vorgesehen. Aus dem letzten Viertel des 12. Jahrhunderts stammt die sog. *Madonna des hl. Hermann Josef* auf der linken Seite der Ostkonche (11), die als ein frühes Beispiel des byzantinischen Typus der „Madonna Eleusa" (die Barmherzige) angesehen werden kann. Die säulenartig angelegte und eine dezente Eleganz ausstrahlende Kalksteinskulptur war ursprünglich Bestandteil eines Reliefs, vollrund ausgearbeitet wurde sie vermutlich erst im 19. Jahrhundert. Heute steht sie auf einer kleinen Konsole, auf die Gläubige tägliche frische Äpfel legen. Dieser Brauch geht auf eine Legende zurück, die davon berichtet, dass der Prämonstratensermönch Hermann mit Beinnamen Josef als Schulkind Maria und den Jesusknaben glühend verehrte und der Skulptur in Maria im Kapitol täglich auf dem Weg zur Schule seinen Frühstücksapfel schenkte. Einmal soll die Statue dem Jungen zum Dank zugelächelt haben.

Ein singuläres Werk von herausragender Qualität stellt der *Crucifixus dolorosus* in der nördlichen Winkelkapelle an der Ostkonche dar (13). Der Korpus entstand um das Jahr 1300, während die Farbfassung erst im 15. Jahrhundert aufgetragen wurde. Das Kruzifix, das ein Pendant im Westchor von St. Georg hat, veranschaulicht in äußerst drastischer und expressiver Weise Leiden und Sterben Christi: Der ausgemergelte Körper des Gekreuzigten hängt kraftlos vornüber, das dornenbekrönte Haupt ist auf die Brust gesunken, deutlich treten die Rippen vor den eingefallenen Bauch, der, wie der gesamte

Sog. Hermann-Josef-Madonna, Köln, letztes Viertel 12. Jahrhundert

links oben: Thronende Muttergottes mit Kind, zwischen 1150 und 1250 (sog. Glasaugenmadonna)

Barockes Malereifragment auf einem Pfeiler im westlichen Langhaus

Oberkörper, von Wundmalen überzogen ist. Das ihn tragende Gabelkreuz selbst stammt zwar auch aus dem Mittelalter, ist aber nicht das original zugehörige.

Vom einstigen, über die Jahrhunderte gewachsenen Reichtum der Ausstattung zeugen die sechs erhaltenen spätgotischen Glasmalereien, die sich überwiegend im nördlichen Seitenschiff und in der südlichen Zwickelkapelle, der Hardenrath-Kapelle, befinden. Sie entstanden zwischen 1450 und 1520 in Kölner Werkstätten und ersetzten die vormaligen romanischen Fenster im Umgang der Konchen, im Obergaden der Querkonchen und in den Seitenschiffen. In weitgehend originalem Zustand erhalten sind die nach 1510 ausgeführten Glasfenster im nördlichen Seitenschiff: das *Kreuzigungsfenster* (6), auf dem – in drei vertikalen Bahnen angelegt – die Kreuzigung, erweitert um Heilige und die Stifter, dargestellt ist, sowie rechts daneben das *Ursulafenster* (7), das, ebenfalls dreiteilig angelegt, im Mittelfeld die hl. Ursula im Schutzmantel und in den beiden Seitenfeldern die hll. Jakobus d. Ä. (mit Pilgerstab und Jakobs-

Kreuzigungsfenster, Köln, nach 1510, nördliches Seitenschiff (zweites Fenster von Westen)

Hl. Adelheid von Vilich, Glasfenster im Obergaden der Ostkonche (nach einem Entwurf von Anton Wendling aus dem Jahr 1938)

muschel) und Gereon (mit Rüstung, Schwert und Kreuzesfahne) zeigt. Demgegenüber sind die 1465 ausgeführten Glasmalereien im Altarerker der Hardenrath-Kapelle in der Südkonche nur in übermaltem Zustand erhalten (15): Das von zwei reich gestalteten Figurenkonsolen gerahmte Ostfenster zeigt eine Kreuzigungsszene, während auf den seitlichen Erkerfenstern Christus mit der Samariterin und der Ehebrecherin sowie Stifterbildnisse zu sehen sind. An den westlichen Langhauspfeilern finden sich zu beiden Seiten noch einzelne Reste der illusionistischen Ausmalung von 1765–67 (2), die Beleg dafür sein mögen, mit welcher Farbenpracht und malerischen Raffinesse so manche der romanischen Kirchen Kölns im Barock ausgestaltet worden war. (Weitere Relikte barocker Wandmalereien konnten sich noch im Langhaus der Kartäuserkirche erhalten, s. S. 99.) Die jüngsten Zeugnisse sakraler Glaskunst sind die Obergadenfenster im Trikonchos (14). Die insgesamt 15 Glasfenster gehen auf Entwürfe des Malers Anton Wendling, Meisterschüler von Johan Thorn-Prikker, zurück, die dieser bereits im Jahre 1938 in Manier der Neuen Sachlichkeit entworfen hat. Vor dem Zweiten Weltkrieg konnte lediglich ein Fenster eingesetzt werden, während die restlichen im Zuge des Wiederaufbaus zwischen 1979 und 1985 ausgeführt wurden. Elf Fenster zeigen heilige und andere für die Kirche bedeutsame Persönlichkeiten: die Kirchengründerin Plektrudis, die Äbtissin Ida, die thronende Muttergottes mit Kind, Papst Leo IX., die hll. Anno, Vitalis, Martin, Petrus Canisius, Bruno, Adelheid von Vilich und Hermann Josef. Jeweils zwei Fenster in der Süd- und der Nordkonche sind rein ornamental gestaltet.

Ein für eine Kirche eher ungewöhnliches Ausstattungsstück stellen die vier Walrippen (17) dar, die über einem Beichtstuhl direkt neben der romanischen Bildertüre hängen. Die von den Kölnern auch humor- und liebevoll „Zint Märjens Repp“ (St. Marienrippe) genannten Knochenteile stammen von einem Wal, der vermutlich im Pleistozän im Rhein bis Köln geschwommen und hier verendet ist. Wie sie nach Maria im Kapitol gelangt sind, liegt im Dunkel der Geschichte.

Crucifixus dolorosus, Köln (?) um 1300, Fassung 15. Jahrhundert

Walrippen (im Volksmund auch „Zint Märjens Repp“, St. Marienrippe) im Westjoch des südlichen Seitenschiffs

St. Maria Lyskirchen

Ansicht von der Rheinseite, um 1905

St. Maria Lyskirchen ist die kleinste und zugleich einzige Pfarrkirche unter den zwölf erhaltenen großen romanischen Kirchen im Stadtzentrum. Im Gegensatz zu den deutlich größeren Stiftskirchen wurde sie mit Emporen ausgestattet, die es ermöglichten, in dem relativ kleinen Raum eine größere Anzahl von Gläubigen unterzubringen – so wie die Empore geradezu zu einem Kennzeichen der Kölner Pfarrkirchen wurde. Beispiele dafür sind u. a. St. Peter, St. Johann Baptist und ehemals St. Kolumba und Klein St. Martin. St. Maria Lyskirchen ist zudem die einzige romanische Kirche der Innenstadt, die den Zweiten Weltkrieg – mit Ausnahme der Langhausdächer – nahezu unbeschadet überstanden hat. Dadurch konnte sich hier ein spätromanischer, die gesamten Mittelschiff- und Seitenchorgewölbe einnehmender Freskenzyklus erhalten, der ein einzigartiges Beispiel hochmittelalterlicher Innenraumgestaltung im Rheinland darstellt.

Die Kirche, deren heute gebräuchlicher Name erstmals im Jahre 1528 genannt wird, erhebt sich an der Stelle, an der im 10. Jahrhundert eine private Marienkapelle stand, die als schlichter Saalbau ausgeführt war. 1067 inkorporierte Erzbischof Anno II. die kleine Kirche dem von ihm begründeten Chorherrenstift St. Georg. Direkt am Fluss gelegen, diente sie seit dieser Zeit – ähnlich wie die Nikolauskapelle in Porz-Westhoven und St. Maternus in Rodenkirchen – als Kirche für die Rheinschiffer. Im 12. Jahrhundert vermutlich zu einer dreischiffigen Anlage vergrößert (für die es allerdings keine eindeutigen Belege gibt) und um 1135/42 erstmals als „ecclesia Lisolvi“ urkundlich erwähnt, avancierte die Kapelle zur Pfarrkirche des ehemaligen südlichen Vororts und Fischerdorfs „No(i)thusen“, der in die große Stadterweiterung von 1106 einbezogen worden war. Hier lebte die Patrizierfamilie Lyskirchen (auch Lisolfikyrken, Lisolskirken, Lisenkirchen und Lysenkyrchen), die wesentlich zur Errichtung des spätstaufischen Neubaus von St. Maria Lyskirchen beitragen sollte. Sahen es doch in dieser Zeit des erstarkenden städtischen Bürgertums insbesondere die vornehmen Patriziergeschlechter als ihre ureigene Aufgabe an, sich mit repräsentativen Bauwerken – ob in der Sakral- oder der Profanarchitektur – weithin sichtbar zu „verewigen“. So baute beispielsweise nicht weit entfernt, in der Rheingasse, Werner

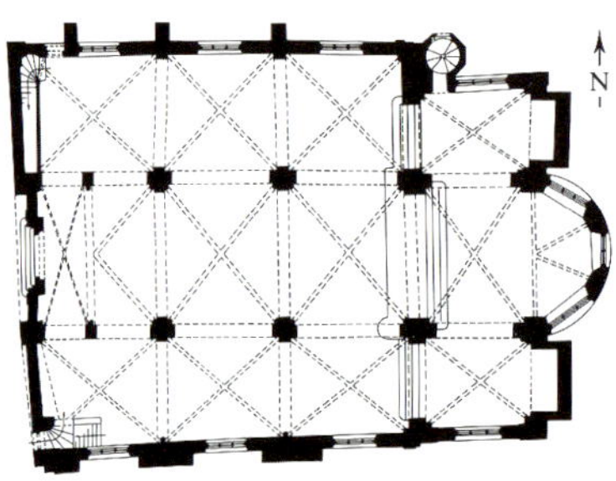

rechte Seite: Ansicht von Nordosten

nachterfahrung-
wort, tanz + musik:
DAS BUCH
EXODUS Teil I
am 21.11. ab 19 Uhr
hier in

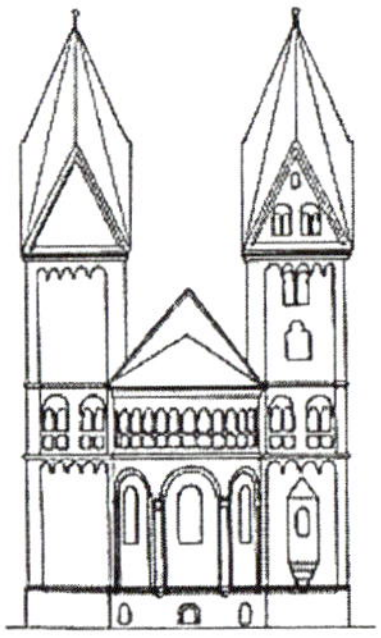

Rekonstruktion des geplanten Ostbaus (nach Uwe Westfehling 1984)

Overstolz zwischen 1220 und 1230 das nach seiner Familie benannte Overstolzenhaus (S. 9), das heute einzige erhaltene der einstmals mehr als 70 romanischen Patrizierhäuser in Köln. Der Baubeginn von St. Maria Lyskirchen erfolgte zwischen 1198 und 1200, nachdem man zuvor wegen der ständigen Hochwassergefahr den Baugrund erhöht hatte. Wie für eine Kölner Pfarrkirche üblich, hatte das über leicht irregulärem Grundriss errichtete und um 1225 vollendete Gotteshaus die Gestalt einer Emporenbasilika, die, als eine im Maßstab verkleinerte Variante von St. Kunibert, eine doppeltürmige Ostpartie mit eingestellter Apsis erhalten sollte. Ausgeführt wurde jedoch nur der durch Zwillingsarkaden, kleeblattförmige Fenster und Schallbiforien gegliederte Nordturm. Sein südliches Pendant konnte vermutlich wegen Geldmangels nicht realisiert werden. Nachdem man bereits im frühen 16. Jahrhundert die Fenster im nördlichen Seitenschiff verändert hatte, erfolgte im 17. Jahrhundert ein grundlegender Umbau der Kirche, in dessen Verlauf die ursprünglich niedrigere halbrunde Apsis erhöht und die Trias aus Blendbögen, Kassettenfries und Zwerggalerie durch hohe gotisierende Maßwerkfenster ersetzt wurde. Auch im Kircheninneren kam es zu baulichen Veränderungen, indem im Chorraum ein großer barocker Hochaltar Aufstellung fand, von dem sich einzig die beiden Statuen der hll. Nikolaus und Maternus erhalten haben. Einstmals trug der Turm über seinen vier gleichen Dreiecksgiebeln einen Falthelm, den man im 19. Jahrhundert, ähnlich wie den Westturm von St. Aposteln, durch ein Rautendach ersetzte. Nach dem Zweiten Weltkrieg wurde der gesamte Bau außen verputzt und rosafarben gefasst – eine Maßnahme, mit der man an eine weitverbreitete mittelalterliche Praxis anknüpfen wollte, Sakralbauten durch Putz bzw. Schlämme vor Verwitterung zu schützen und sie zugleich zu schmücken.

Die das dreischiffige Langhaus abschließende Westfassade steht so dicht an der Straße, dass sie deren Knickung aufnehmen musste. Ein Gesims unterteilt

Westportal

rechts: Kapitelle am Westportal

Schema der Gewölbemalereien

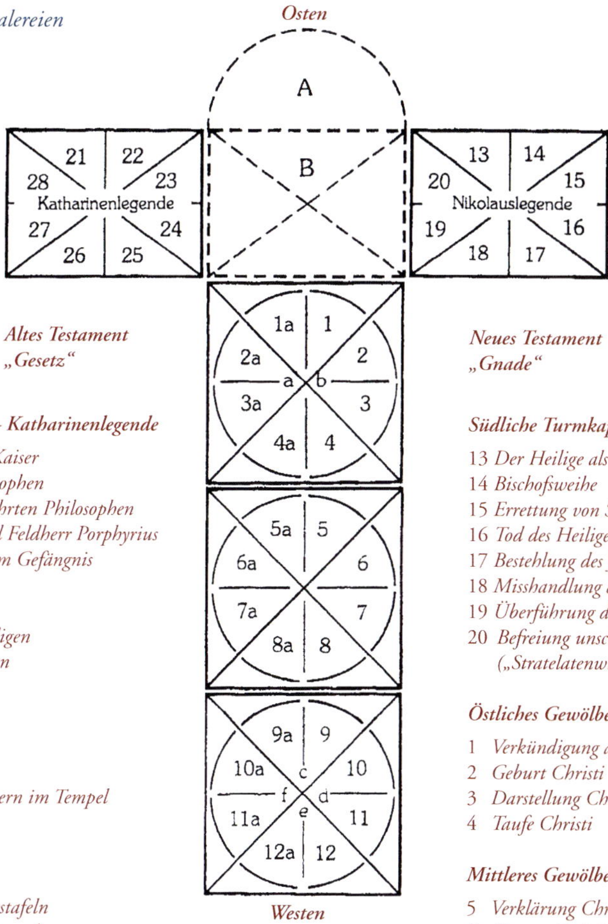

Altes Testament
„Gesetz"

Nördliche Turmkapelle – Katharinenlegende

21 *Die Heilige vor dem Kaiser*
22 *Disput mit den Philosophen*
23 *Verbrennung der bekehrten Philosophen*
24 *Kaiserin Faustina und Feldherr Porphyrius besuchen die Heilige im Gefängnis*
25 *Zerstörung des Rades*
26 *Marter der Heiligen*
27 *Enthauptung der Heiligen*
28 *Bestattung der Heiligen*

Östliches Gewölbe

1a *Verheißung Isaaks*
2a *Geburt Isaaks*
3a *Samuel mit seinen Eltern im Tempel*
4a *Bad des Naëman*

Mittleres Gewölbe

5a *Moses mit den Gesetzestafeln*
6a *Einzug Salomons in Jerusalem*
7a *Gastmahl des Ahasver*
8a *Hiob im Unglück*

Westliches Gewölbe

9a *Eherne Schlange*
10a *Samson mit den Toren von Gaza*
11a *Himmelfahrt des Elias und Henoch*
12a *Elias und die Baalspriester*

Die Scheitelfiguren im östlichen und westlichen Gewölbe

a *Lex (Gesetz)*
b *Gratia (Gnade)*
c *Prudentia (Klugheit)*
d *Fortitudo (Stärke)*
e *Temperantia (Mäßigung)*
f *Justitia (Gerechtigkeit)*

Neues Testament
„Gnade"

Südliche Turmkapelle – Nikolauslegende

13 *Der Heilige als Kind*
14 *Bischofsweihe*
15 *Errettung von Schiffbrüchigen*
16 *Tod des Heiligen*
17 *Bestehlung des Juden*
18 *Misshandlung des Nikolausbildes*
19 *Überführung der Diebe durch den Heiligen*
20 *Befreiung unschuldig Verurteilter („Stratelatenwunder")*

Östliches Gewölbe

1 *Verkündigung an Maria*
2 *Geburt Christi*
3 *Darstellung Christi im Tempel*
4 *Taufe Christi*

Mittleres Gewölbe

5 *Verklärung Christi*
6 *Einzug Christi in Jerusalem*
7 *Abendmahl*
8 *Geißelung Christi*

Westliches Gewölbe

9 *Kreuzabnahme*
10 *Christus in der Vorhölle*
11 *Himmelfahrt Christi*
12 *Pfingsten*

die Fassade in zwei Zonen, dessen untere durch ein Portal geschmückt wird, das, im vorigen Jahrhundert restauriert, in seiner Anlage noch vom staufischen Bau des 13. Jahrhunderts stammt. Für eine romanische Kirche in Köln relativ aufwändig gestaltet, besteht es aus einem von zwei Pilastern gestützten und zwei kleinen Rundbogenfenstern flankierten Portalvorbau, der von einem weit gespannten doppelten Blendbogen überfangen wird. Zwei eingestellte Säulen, die in filigran skulptierten Blattwerkkapitellen mit Vögeln und Tierfratzen abschließen, tragen das von einem Rankenwulst unterlegte Gesims. Das darüberliegende, von einer halbrunden Girlande begrenzte Tympanon gliedert ein siebenachsiger Rundbo-

rechte Seite: Katharinenlegende in der nördlichen Turmkapelle, 1280

rechts unten: Nikolauslegende in der südlichen Turmkapelle, 1270

Gewölbemalereien im Langhaus, um 1250

genfries, ein architektonisches Motiv, das eine mehrfache Entsprechung in der Vorhalle von St. Andreas hat (S. 45). Auf dem Türsturz erinnert eine Inschrift an die Hochwasserkatastrophe von 1784, als sich ungeheure Mengen von Schmelzwasser über den noch zugefrorenen Fluss in die Innenstadt ergossen und für schwere Verwüstungen gesorgt hatten.

Das Innere der Emporenbasilika schmücken die in den drei Mittelschiffjochen und den beiden Turmkapellen angelegten Gewölbemalereien, deren Entstehung in die Jahre zwischen 1230 und 1270/80 zu datieren ist. Der Zyklus ist der jüngste der drei monumentalen romanischen Zyklen, die sich im Rheinland erhalten haben. Ihm gehen die Malereien aus dem Kapitelsaal der Benediktinerabtei Brauweiler und der Doppelkapelle St. Clemens in (Bonn)-Schwarzrheindorf voraus, beide aus dem dritten Viertel des 12. Jahrhunderts. Um die Mitte des 13. Jahrhunderts gemalt, markieren die im sogenannten Zackenstil ausgeführten Fresken von St. Maria Lyskirchen den Übergang von der Romanik zur Gotik. Durch den Umstand, dass die Fresken im Barockzeitalter weiß übertüncht wurden, konnten sie sich gut über die Jahrhunderte konservieren, bis sie dann im späten 19. Jahrhundert (1879–81) wieder freigelegt und in Teilen – im damaligen Zeitgeist – restauriert wurden.

Das Herz des Zyklus bilden die Gewölbe der drei Mittelschiffjoche, deren Ausmalung einem komplexen, aus insgesamt 24 Bildzonen bestehenden ikonographischen Programm folgt (um 1250). Dieses speist sich aus der – im Mittelalter weit verbreiteten – typologischen Gegenüberstellung von alttestamentlichen Bibelszenen (in der nördlichen Gewölbehälfte) mit ihren neutestamentlichen Entsprechungen (im südlichen Gewölbeteil):

Die Anbetung der Heiligen Drei Könige, Tympanon über dem Westportal (innen), 1220/30

Die hll. Maternus, Helena und Gereon. Glasfenster im nördlichen Seitenschiff, um 1520/30

der durch Mose verkörperte Alte Bund gegenüber dem durch Christus personifizierten Neuen Bund, Synagoge gegenüber Ecclesia, Gesetz gegenüber Gnade. Fortgesetzt wird der Zyklus in der südlichen Turmkapelle mit dem achtteiligen, 1270 ausgeführten Nikolauszyklus, den am besten erhaltenen Malereien des gesamten Kirchenraumes, sowie in der nördlichen Turmkapelle mit der ebenfalls aus acht Teilen bestehenden Katharinenlegende (1280), die bei ihrer Freilegung im 19. Jahrhundert mit stark leuchtenden Ölfarben übermalt wurde. Von den Malereien, die ursprünglich außerhalb der Gewölbe auch große Partien der Wandfläche schmückten, konnte sich – neben einzelnen Fragmenten in der Obergadenzone – einzig das Fresko über dem inneren Westportal erhalten: Es zeigt, von einem flachen Bogen gerahmt, die Szene der Anbetung durch die drei Magier. Die um 1220/30 entstandene Wandmalerei ist – ähnlich den zeitgleichen Glasfenstern im Chor von St. Kunibert – ein hervorragendes Beispiel der kölnischen Variante des sog. Muldenstils, der seine Bezeichnung aus dem charakteristischen Faltenwurf der weich fließenden Gewänder bezieht. Neben den spätromanischen Wandmalereien finden sich in der Kirche noch weitere Zeugnisse mittelalterlicher Glasmalereien, so im nördlichen Seitenschiff drei spätgotische Glasfenster, die in der Zeit um 1520/30 entstanden sind. Sie zeigen auf der linken Seite in zwei gleich großen Bildfeldern die Verkündigung an Maria und die Muttergottes mit dem Jesusknaben, daneben, im mittleren Fenster, eine dreiteilige Kreuzigungsdarstellung mit Maria und Johannes sowie im rechten Fenster die hll. Helena, Maternus und Gereon.

Zur Rechten des Innenportals steht heute die sog. *Schiffermadonna*, die nicht zum ursprünglichen Inventar von St. Maria Lyskirchen gehörte und erst nach der Säkularisation vom Zisterzienserinnen-Kloster Walberberg nach Köln gelangt ist. Sie befand sich bis zum Jahre 1868 im Freien an der Ostfassade unter einem schützenden Baldachin, wo sie von den vorüberfahrenden Rheinschiffern gegrüßt werden konnte. Die etwas überlebensgroße, mit einer neuzeitlichen Fassung versehene Holzskulptur stammt aus dem zweiten Jahrzehnt des 15. Jahrhunderts und wird aufgrund ihrer lieblich-gefühlvollen Darstellungsweise und ihrem üppigen Faltenwurf dem Typus der „Schö-

Sog. Schiffermadonna, 2. Hälfte 15. Jahrhundert; im Hintergrund Peter Heckers Wandgemälde von 1938

Blick in den Chor

nen Madonna" oder auch dem „weichen Stil" zugerechnet. Die in expressionistisch-neusachlicher Manier gehaltene Wandmalerei im Hintergrund wurde 1938 von Peter Hecker ausgeführt. Sie verbindet eine Ansicht der Kirche von Osten mit Szenen aus dem Schifferleben auf dem Rhein. Jüngeren Ursprungs ist ebenfalls die Ausgestaltung des im Barock veränderten, ursprünglich spätromanischen Chorraums, die im Jahre 1956 vom Architekten Karl Band und vom Bildhauer Elmar Hillebrand in schlichten, sparsamen Formen durchgeführt wurde: Über einem Schieferboden, der in seinem Zentrum in grauen Marmor übergeht, erhebt sich eine querrechteckige Altarplatte, die von schlanken, aus der Raute entwickelten Sechseckplatten getragen wird; in ihrer Mitte steht auf schlanken Füßen das als „Elfenbeinturm" gestaltete Tabernakel.

Als einziges Ausstattungsstück aus der Frühzeit der staufischen Kirche konnte sich das achteckige Taufbecken erhalten, das heute im Westjoch der Südseite seinen Platz gefunden hat. Es stammt aus der zweiten Hälfte des 13. Jahrhunderts und wurde im ausgehenden 19. Jahrhundert stark restauriert. Der Stein nimmt in seiner achtseitigen Form die alte Symbolik für das Himmlische Jerusalem auf, die sich auch in den acht, teilweise fratzenhaft wirkenden Köpfen oberhalb der weißen Marmorsäulen wiederfindet. Der kupfervergoldete, in mehreren bauchigen Ringen geschichtete Deckel ist eine Zutat des 17. Jahrhunderts.

Romanisches Taufbecken, 2. Hälfte 13. Jahrhundert

Groß St. Martin

Der mächtige fünfteilige Vierungsturm von Groß St. Martin prägt zusammen mit den 1880 vollendeten Domtürmen und dem Rathausturm aus dem frühen 15. Jahrhundert das weltweit bekannte Kölner Stadtpanorama, wie es sich von der anderen Rheinseite aus darstellt. Dies zu erhalten, war auch mit einer der Gründe, weshalb der bis auf seine Grundmauern zerstörte Turm schon bald nach Kriegsende wieder aufgebaut wurde.

Die Bezeichnung „Groß" St. Martin dient dazu, die Basilika von der deutlich kleineren und vermutlich auch älteren, in der Nähe des Heumarkts gelegenen Pfarrkirche Klein St. Martin zu unterscheiden, von der sich einzig der Westturm aus dem späten 15. Jahrhundert erhalten hat. Ähnlich wie St. Maria im Kapitol und St. Gereon entstand die große Martinskirche auf den Fundamenten eines antiken Gebäudes, das sich einst gegenüber dem Prätorium vor der römischen Rheinfront befunden hat. Den Ausgrabungsfunden zufolge handelte es sich bei diesem um eine Sportanlage des 1. nachchristlichen Jahrhunderts, die durch eine Hofanlage mit vier Lagerhallen im 2. Jahrhundert abgelöst wurde. Erste Berichte über eine dem Patrozinium des hl. Martin unterstellte Kirche sind für das 10. Jahrhundert belegt, als Erzbischof Bruno (953–965) an dieser Stelle ein Chorherrenstift gründete, das noch vor der Jahrtausendwende in eine Benediktinerabtei umgewandelt wurde. In jene Jahre datiert auch ein erster Sakralbau, der im Verlauf des 11. Jahrhunderts mit einer östlichen Krypta oder Confessio ausgestattet, nach Westen verlängert und mit zwei Chortürmen versehen wurde. Der große Stadtbrand von 1150 vernich-

Ansicht von Nordwesten, 1938

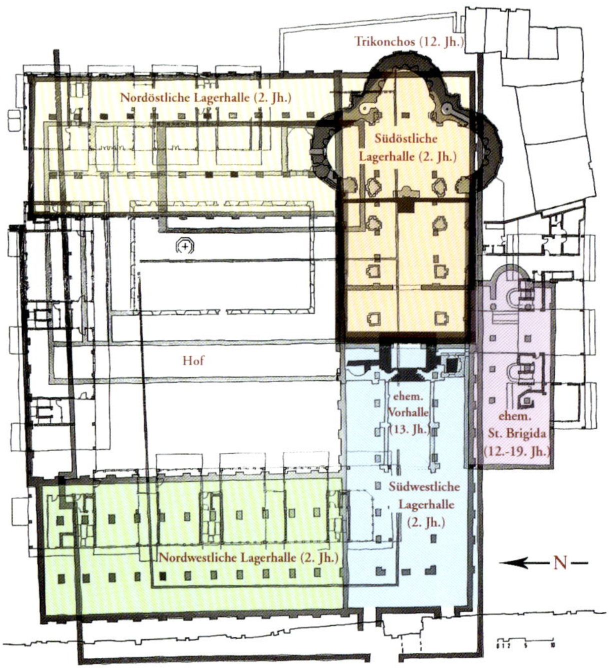

Plan der römischen Lagerhallen, über deren südöstlicher die Martinskirche errichtet wurde

tete die bestehende Anlage, wie auch das gesamte Rheinviertel in Schutt und Asche fiel. Die Brandkatastrophe bot wiederum den Anlass für die Errichtung einer komplett neuen Kirche, die, ebenso wie ihre Vorgängerin, auf den Grundmauern des römischen Warenlagers errichtet wurde. So orientierte sich das Maß des dreischiffigen Langhauses der Stauferzeit weiterhin an den Dimensionen der südöstlichen antiken Lagerhalle, die gleichfalls die Breite der drei Schiffe bestimmten. Die Bauzeit der spätromanischen Anlage betrug ziemlich genau ein Jahrhundert, sie dauerte von 1150 bis 1250. Begonnen wurde im Osten mit dem Kleeblattchor, der sich am Trikonchos von St. Maria im Kapitol orientierte. Die Weihe fand im Jahre 1172 statt. Der Kleeblattchor wurde dreigeschossig gegliedert: in die beiden Hauptetagen mit ihren von Rundbogenfenstern durchbrochenen Blenbogenreihen und die darüber ansetzende Zwerggalerie mit unterlegtem Kassettenfries, wobei die unteren Geschosse der Ecktürmchen in die Gliederung mit einbezogen sind. Über den Kegeldächern der Konchen erheben sich Dreiecksgiebel, die mit radförmigen Blenden, Kreis- und Vierpassfenstern ausgestaltet sind. Darüber setzt der mächtige Vierungsturm an, an dem, nach einem erneuten Brand im Jahre 1185, grundlegende Planänderungen vorgenommen wurden.

Ansicht von Nordwesten

Ursprünglich achteckig geplant, wurde er nun als massiver Quadratblock mit flankierenden schlanken oktogonalen Ecktürmchen im oberen Abschluss ausgeführt und um das Jahr 1200 fertiggestellt. Auch war ursprünglich nicht vorgesehen, dass er so hoch werden sollte, wofür die in halber Höhe angelegte Zwerggalerie mit dem darunterliegenden Plattenfries Indiz sein mag. Hier sollte ursprünglich das Dach ansetzen. Da aber die Wohnhäuser in unmittelbarer Nachbarschaft ziemlich hoch waren (galt doch das Rheinviertel im Hochmittelalter als höchst attraktives Stadtquartier), musste auch der Kirchturm, um sich von der Umgebung abzuheben, deutlich an Höhe zulegen. Dass der zur Verfügung ste-

Blick durch eine Altstadtgasse auf den Vierungsturm

rechte Seite: Ansicht von der Rheinpromenade

links: Nordöstliches Ecktürmchen

rechts: Detail von Zwerggalerie und Plattenfries an der Ostkonche

hende Baugrund relativ knapp bemessen war, zeigt sich auch darin, dass die Dreikonchenanlage mit ihrem Nord-Süd-Durchmesser von 25 Metern merklich schmaler ausfiel als der Trikonchos von St. Aposteln, der dem weitläufigen, damals noch wenig bebauten Neumarkt zugewandt war. Von den vier, in Falthelmen abschließenden Ecktürmen wurden nur die beiden an der Ostseite hochgezogen, während die beiden westlichen Hinzufügungen späterer Jahrhunderte sind. Stattdessen bekrönten das Hauptgesims vier mächtige Giebel, hinter denen ein kompaktes Pyramidendach emporwuchs. Die Giebel fielen im Jahre 1434 einem schweren Sturm zum Opfer, nachdem der romanische Dachaufbau schon im späten 14. Jahrhundert durch Blitzschlag zerstört worden war. Beim Wiederaufbau um das Jahr 1460 verzichtete man auf die Giebel und setzte dem Turm den (heute rekonstruierten) gotischen Knickhelm auf.

Zeitgleich mit dem Dreikonchenchor entstanden auch die weiten Arkaden des vergleichsweise kurzen Langhauses zu dreieinhalb Jochen, das an den Wänden

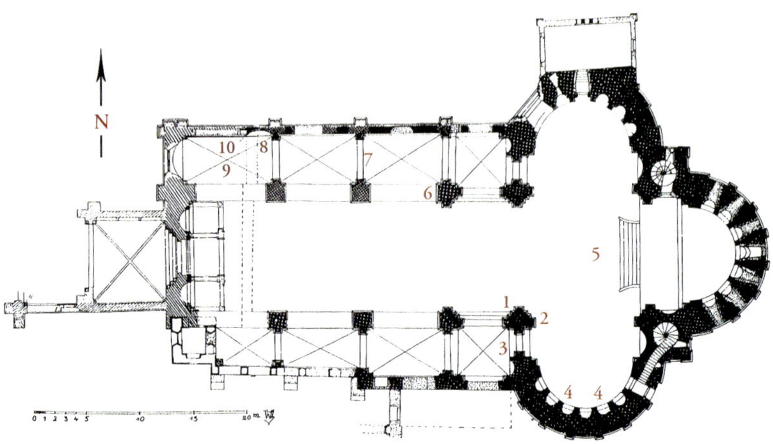

1 *Plektrudis/Pippin-Kapitell*
2 *Historistische Malereireste*
3 *Schmerzensmann*
4 *Engel (Südkonche)*
5 *Fußbodenmosaik*
6 *Dreikönigstryptichon*
7 *Unterkirche*
8 *Grablegung*
9 *Romanisches Taufbecken*
10 *Kreuzigungsgruppe*

von Seitenschiff und Obergaden durch Bogenblenden und Lisenen sowie durch schmale, hohe Rundbogenfenster gegliedert wird. Die Südwand des Langhauses wurde, mit Ausnahme der kreisrunden Fenster, weitgehend schmucklos ausgeführt, da hier einst die im 12. Jahrhundert errichtete und im frühen 19. Jahrhundert abgerissene Pfarrkirche St. Brigida Wand an Wand angrenzte. Je mehr der Bau im Laufe des 13. Jahrhunderts nach Westen fortschritt, umso mehr hielt gotisches Formendenken Einzug in die Architektursprache. So erinnert das um 1220/30 im dreischiffigen Langhaus eingezogene Gewölbe in seiner hochgezogenen, spitzbogigen Form bereits an die sich ankündigende französische Kathedralgotik. Diese manifestierte sich dann noch deutlicher in der um das Jahr 1250 entstandenen (nach dem Zweiten Weltkrieg allerdings nicht mehr rekonstruierten) zweijochigen Vorhalle. Der Vorbau diente dem Schutz des reichgegliederten *Löwenportals*, durch das die Laien einst das Gotteshaus betraten, während sich der Eingang der Benediktinermönche in der Nordkonche befand.

Nach Vollendung der Basilika um die Mitte des 13. Jahrhunderts wurden am Baukörper selbst – mit Ausnahme der Wiederherstellungsarbeiten am Vierungsturm – nur geringfügige Modifikationen vorgenommen. Demgegenüber wechselten, wie in fast allen mittelalterlichen Kirchen, die Ausstattungen im Innenraum öfter. Zu einer der aufwändigsten Umgestaltungen kam es, nachdem die Kirchenanlage als ganze zunehmend verfallen und immer unansehnlicher geworden war, in der zweiten Hälfte des 19. Jahrhunderts. Während am Vierungsturm nach mehr als sechs Jahrhunderten die fehlenden westlichen Ecktürme ausgeführt wurden, erfolgte zwischen 1868 und 1885 eine komplette Neugestaltung des Inneren,

links: Westportal

rechts: Südwestlicher Vierungspfeilermit Resten der historistischen Bemalung

Südkonche

die an August Essenwein, den damaligen Direktor des Germanischen Nationalmuseums in Nürnberg, übertragen wurde. Essenwein entwickelte ein Gesamtprogramm, das im Sinne des Historismus die Ausmalung von Wänden und Gewölben, figürliche Glasfenster, Altäre, Skulpturen, Beichtstühle, Kanzeln, Kirchenbänke sowie den reichgestalteten Mosaikfußboden (5) vorsah.

Heute präsentiert sich die Basilika von Groß St. Martin, die seit 2009 den „Schwestern und Brüdern der Gemeinschaften von Jerusalem“ als Klosterkirche dient, als ein heller, lichtdurchfluteter Raum, bei dessen Rekonstruktion man bewusst puristisch vorging und den Baukörper als solchen in den Mittelpunkt stellte. So verzichtete man auf jegliche Wandmalereien, ob historisierend oder modern, das Mauerwerk wurde in weiten Partien als solches belassen, wie sich auch die Zahl der Ausstattungsstücke auf eine überschaubare Zahl beschränkt. Noch gut erkennbar sind die Reste des alten, mit seiner historistischen Bemalung belassenen Mauerwerks am südwestlichen Vierungspfeiler (2), die in den Wiederaufbau mit einbezogen wurden.

Blick in Langhaus, Vierung und Chor

In seiner Gesamtwirkung gliedert sich der querhauslose Bau in zwei übergreifende Raumsegmente: in den Zentralraum der Vierung, an den in jeder Himmelsrichtung ein gleich hoher Raum an-

Engelfigur in der Südkonche

Taufnische mit Kreuzigungsgruppe und Resten vom Gerank des spätgotischen Heiligkreuzaltars, 1509

Romanischer Taufstein, um 1200

Plektrudiskopf am Kapitell des südwestlichen Vierungspfeilers

schließt, und das sich in die Ostapsis fortsetzende Langhaus, das sich in die Seitenschiffe mit weiten Rundbögen öffnet. Über den Bögen bildet ein umlaufendes Gesims die Basis für eine spitzbogige Drillingsarkade, die zusammen mit dem darüberliegenden Rundbogenfenster die relativ hohe Obergadenzone gliedert. Ähnlich wie in St. Maria im Kapitol und in St. Aposteln sind die Innenwände des Trikonchos nach dem Prinzip der Zweischaligkeit angelegt: Entlang der Erdgeschosswände aller drei Apsiden reihen sich von Säulen begleitete Muldennischen aneinander, in denen im Süden zwei Engelsfiguren (4) eingestellt sind. Durch das obere Geschoss zieht sich ein Laufgang, der durch die durchfensterte Außenwand sowie ein filigranes Bogengitter auf der Innenseite begrenzt wird.

Von der ursprünglichen Ausstattung konnte sich in Groß St. Martin nur sehr wenig erhalten. Einziges Relikt vom Bau der Stauferzeit ist das *Würfelkapitell* am südwestlichen Vierungspfeiler (1), auf dem der austrasische Hausmeier Pippin und seine Gemahlin Plektrudis, die Gründerin von St. Maria im Kapitol, (als vermeintliche Stifter der Martinskirche) dargestellt sind. In der Zeit um 1200 entstand der heute am Westende des nördlichen Seitenschiffs, der Taufnische, aufgestellte *romanische Taufstein* (9) aus hellem Kalkstein, der ursprünglich zum Inventar der älteren benachbarten Pfarrkirche St. Brigida gehörte. Von länglicher, achteckiger Form, sind die unterschiedlich breiten Seitenflächen, die, von acht großen steinernen Wasserrosen geschmückt, den Stein in der Art eines Frieses umlaufen. An vier Ecken sind Löwenköpfe angebracht, aus deren Mäulern sich ein schmaler Arkanthusfries entwickelt, der den oberen Rand des Beckens bildet. Hinter dem Taufstein hängt eine *Kreuzigungsgruppe* (10), Relikte des im Jahre 1509 vom damaligen Kölner Bürgermeister gestifteten und von Tilman van der Burch ausgeführten *Heiligkreuzaltars*. Vermutlich vom steinernen Rankbogen des Altars stammen die drei kleinen Statuetten Adams und Evas sowie eines Propheten, die als Bestandteile eines reichgearbeiteten spätgotischen Rahmens seitlich und oberhalb der Kreuzigungsgruppe in das Mauerwerk eingelassen sind. Dem Kreuzaltar stilistisch verwandt ist die unmittelbar daneben angebrachte *Grablegungsgruppe* (8), die den toten Christus mit sechs (ursprünglich sieben) im Dreiviertelprofil angelegten Skulpturen zeigt. Bei diesen handelt es sich (von links nach rechts) um: Nikodemus, ein unbekanntes Klageweib, Maria aus Magdala, Ma-

Historistisches Mosaik in der Vierung

Grablegungsgruppe, frühes 16. Jahrhundert

ria, Johannes und Josef von Arimathäa. Der Werkstatt von Tilmann van der Burch zuzuweisen ist auch die expressiv gestaltete Skulptur des *Schmerzensmanns* (3), die am Ostende des südlichen Seitenschiffs, unmittelbar vor der Vierung, steht. Gegenüber der Treppe, die in die Unterkirche führt, hängt heute ein Triptychon, das sog. *Dreikönigstriptychon*, das um 1530 in der Werkstatt von Bartel Bruyn d. Ä. angefertigt worden ist (6). Der relativ kleine, im Stil der niederländischen Renaissance gemalte Klappaltar zeigt in der Mitte die Anbetung der Könige, auf dem linken Flügel die Geburtsszene sowie rechts die Beschneidung im Tempel.

Die moderne Ausstattung der Chorpartie wurde im Zuge des puristischen Wiederaufbaus der Kirche insgesamt schlicht gehalten – so hat man mit den Glasmalereien, dem Tabernakel in der Nordkonche, dem Vierungsaltar sowie dem auf mittelalterliche Vorbilder zurückgreifenden Radleuchter ein bewusst zurückhaltendes Programm entwickelt. Als eine Art Bindeglied zwischen der mittelalterlichen und der modernen Ausstattung mögen sich die Reste des historistischen Mosaikfußbodens (5) in der Vierung verstanden wissen, die in den neuen Schmuckfußboden von Joachim Schürmann mit einbezogen wurden – womit in Groß St. Martin als einziger der großen romanischen Kirchen im Kölner Stadtzentrum noch größere zusammenhängende Partien einer historistischen Ausschmückung erhalten sind.

Vom nördlichen Seitenschiff führt eine Treppe hinunter in die Unterkirche (7), einen zwischen 1977 und 1982 freigelegten und neu geschaffenen Raum. Er dient der Verwahrung und Besichtigung der archäologischen Funde unterhalb der Martinskirche und füllt den gesamten Bereich des Trikonchos und des westlichen Zwischenjochs aus. Die unterirdische Anlage, in der römische Ausgrabungen – darunter die Pfeilerstümpfe der antiken Lagerhalle und Reste eines Schwimmbads – von modernen Betonkonstruktionen eingefasst und überfangen werden, dient gleichzeitig dem Gottesdienst für kleinere Gruppen.

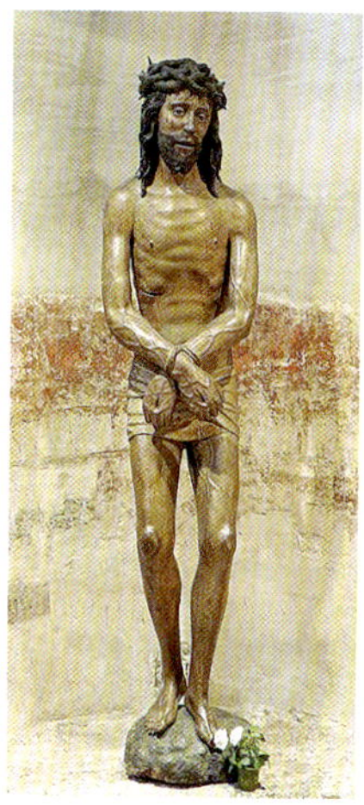

Schmerzensmann, Werkstatt Tilman van der Burch, frühes 16. Jahrhundert

Blick in die Unterkirche

Klein St. Martin

Klein St. Martin in Anton Woensams Stadtansicht von 1531; rechts dahinter St. Peter, links St. Maria im Kapitol

Von der ehemaligen Pfarrkirche Klein St. Martin, die im Mittelalter der Stiftskirche St. Maria im Kapitol zugeordnet war, hat sich einzig der quadratische, wehrhaft anmutende spätgotische Turm erhalten. Heute von nüchternen 50er- und 60er-Jahre-Bauten unmittelbar umgeben und an einer vielbefahrenen Straßenbahntrasse gelegen, ist kaum noch vorstellbar, dass sich hier einst eine große mittelalterliche Kirche erhob. Erstmals um 1140 erwähnt, wurde bald nach 1150 ein romanischer Neubau errichtet, der um die Mitte des 14. Jahrhunderts erweitert und zwischen 1460 und 1489 in eine fünfschiffige eingewölbte Hallenkirche mit westlichem Glockenturm umgebaut wurde. Der von einem schlanken, hohen Knickhelm bekrönte Turm vereint mit seinen rundbogigen Zwillingsfenstern, Lisenen, seinen von Dreipassmustern unterfangenen Blendbogenfriesen und den spitzbogigen Maßwerkfenstern im Untergeschoss sowohl romanische als auch gotische Gliederungselemente. Seit 1637 beherbergte er die Glocken von St. Maria im Kapitol, nachdem dort die Westturmgruppe im frühen 17. Jahrhundert eingestürzt war; er diente seitdem als Glockenturm für die benachbarte Stiftskirche. Im Zuge der Säkularisation wurde Klein St. Martin im Jahre 1802 geschlossen, das Kirchenschiff versteigert und weltlichen Zwecken zugeführt. 1824 musste das Gotteshaus wegen Baufälligkeit abgerissen werden, einzig der Turm blieb stehen, da er weiterhin das Geläut für die Kapitolskirche trug.

links: Fensteröffnungen im Obergeschoss

rechts: Wetterfahne von Elmar Hillebrand, 1953

Ansicht von Osten

Im Zweiten Weltkrieg brannte der Turm vollständig aus. Bei seinem Wiederaufbau verzichtete man jedoch auf den gotischen Knickhelm und setzte an dessen Stelle einen Helm in Form einer niedrigen Pyramide; ein reizvolles Detail ist die Wetterfahne des Bildhauers Elmar Hillebrand aus dem Jahre 1953, die den mantelteilenden hl. Martin von Tours zeigt.

Das heute etwas unter dem Straßenniveau liegende Untergeschoss dient seit 1954 als in modernen Formen ausgestaltete Andachtskapelle, zu deren Inventar auch eine spätgotische Steinskulptur der Muttergottes gehört, die vermutlich aus der Werkstatt des Bildhauers Konrad Kuyn, dem Schöpfer der Verkündigungsgruppe in St. Kunibert, stammt.

Minoritenkirche (St. Mariä Empfängnis)

In ihrer Schlichtheit und Klarheit stellt die Minoritenkirche St. Mariä Empfängnis ein klassisches Beispiel einer mittelalterlichen Bettelordenkirche dar. Gegründet von den seit dem frühen 13. Jahrhundert in Köln ansässigen Franziskaner-Brüdern, die neben den Dominikanern, den Karmelitern und den Augustiner-Eremiten zu den „ordines mendicantium", den Bettelorden, gezählt werden, folgt der Kirchenbau der von den Idealen der Armut und der Predigt geprägten Ordensregel. So verzichteten die Erbauer auf einen Querriegel, errichteten anstelle eines massiven Turms einen hölzernen Dachreiter und vermieden jeglichen Bauschmuck, sowohl innen als auch außen; selbst die Fenster mussten transparent und ohne jegliche Bemalung sein.

Ansicht von Nordosten

Nur wenige Jahre vor dem Bau des Domes, im Jahre 1245, begannen die Franziskaner mit der Errichtung der Chorpartie im Osten, die bereits in gotischem Formengut ausgeführt wurde und im Jahre 1260 ihre Vollendung fand. Zunächst sollte sich an das Chorhaupt eine Hallenkirche anschließen, die man dann jedoch in eine Basilika, d. h. in ein hohes Mittelschiff mit zwei niedrigeren Seitenschiffen, umwandelte. Dem 1350 vollendeten Kirchenbau wurde zu Beginn des 14. Jahrhunderts ein Kreuzgang im Norden angefügt. Im Zuge der Säkularisation zu Beginn des 19. Jahrhunderts wurden die Ordensbrüder vertrieben und das Kloster aufgelassen, bis es zwischen 1850 und 1863 zu einer Umgestaltung unter den Dombaumeistern Friedrich Zwirner und Richard Voigtel kam, in deren Folge die Konventsgebäude niedergelegt und der Kreuzgang in das neu errichtete Wallraf-Richartz-Museum (heute Museum für Angewandte Kunst) integriert wurde. Der Wiederaufbau nach dem Zweiten Weltkrieg folgte in weiten Teilen dem historischen Baubestand, wobei sich der 1955/56 errichtete Museumsneubau an der Formensprache der Bettelordenskirche orientierte. So wiederholt sich der Westgiebel von Minoriten sechsmal über der westlichen Museumsfassade, ebenso wie sich die Geschosseinteilung des jüngeren Gebäudes vom mittelalterlichen Sakralbau ableitet.

Bestimmend für die äußere Gestalt der Minoritenkirche sind die in regelmäßigen Abständen gesetzten Strebebögen über den Seitenschiffen, das hoch aufsteigende Giebeldach mit dem schlanken Glockenreiter sowie die Westfassade, die

rechte Seite: Westfassade

Ansicht von Südwesten, um 1925

Blick in Langhaus und Chor

von vier mächtigen Strebepfeilern und einem spitzbogigen, achtbahnigen Fenster gegliedert wird. Während die Obergadenwände von spitzbogigen Maßwerkfenstern durchbrochen werden, öffnen sich die darunter liegenden Seitenschiffwände in kreisrunden Fenstern. Gegenüber dem Gleichmaß der Formen am Außenbau vereinfachen sich im Kircheninneren die Bauglieder von Osten nach Westen hin. Dies hat seinen Grund wohl darin, dass die etwas filigraner ausgeführte östliche Partie mit ihrem eingeschossigen Chor im 5/10-Schluss, der durch fünf hohe, im Fischblasendekor ausgeführte Maßwerkfenster gegliedert wird, als „chorus minor" Bestandteil der Mönchskirche war – während die Westpartie, durch einen Lettner abgetrennt, als Laienkirche genutzt wurde.

An die Architektur gebundenen Bauschmuck gibt es keinen; lediglich die modernen, in Grisailletechnik ausgeführten Chorfenster mit Szenen aus dem Marienleben mögen eine Ausnahme bilden. Sie wirken in ihrer gedämpften Monochromie jedoch so zurückhaltend, dass sie, ganz im Sinne des franziskanischen Baureglements, aus dem Mauerverband als eigene Artefakte kaum hervorstechen. Etwas farbiger präsentiert sich das große Westfenster, dessen Verglasung in den 1960er-Jahren ausgeführt wurde. Auch das heute im Chor aufgestellte *Alfelder Retabel* gehörte nicht zum Inventar der Erbauungszeit; es gelangte erst später in den Kirchenraum. Um das Jahr 1480 für die St.-Nicolai-Kirche im niedersächsischen Alfeld geschaffen, wurde es im späten 19. Jahrhundert in

Blick nach Westen

die Minoritenkirche überführt. Der goldgefasste dreiteilige Flügelaltar zeigt in seinem Zentrum die von einer Strahlenglorie umgebene und unter einem Maßwerkbaldachin stehende Maria als Himmelskönigin; direkt neben ihr und auf die beiden Seitenflügel übergehend sind jeweils sechs Reliefs mit Szenen der Kindheit und der Passion Christi sowie Szenen aus dem Leben der hl. Katharina von Alexandrien und des hl. Nikolaus von Myra angeordnet.

Heute dient die Minoritenkirche als Grablege zweier kirchenhistorisch bedeutsamer Persönlichkeiten: von Johannes Duns Scotus (1265–1308) und Adolf Kolping (1813–1865). Der von der Stadt Köln gestiftete und im Jahre 1957 aufgestellte Sarkophag des seliggesprochenen schottischen Franziskaner-Theologen steht im nördlichen Seitenschiff, diesem korrespondierend befindet sich im südlichen Seitenschiff die 1997 geschaffene Grabstätte des im selben Jahr seliggesprochenen Domvikars und „Gesellenvaters" Adolf Kolping.

Alfelder Retabel, um 1480

St. Pantaleon

Ansicht von Südwesten, um 1925

rechts unten: Rekonstruktion des ottonischen Kirchenbaus (nach H. Fußbroich, 1982/83)

1 *Lapidarium*
2 *Sarkophag der Theophanu*
3 *Kapitelsaal (Schatzkammer)*
4 *Kanzel*
5 *Lettner*
6 *Orgel*
7 *Maurinusschrein*
8 *Albinusschrein*
9 *Mittelalterliche Malereifragmente*
10 *Mittelalterliche Malereifragmente aus der Krypta*
11 *Hochaltar*
12 *Christus Salvator*
13 *Maria auf der Mondsichel*
14 *Chorfenster*

Als einzige der großen romanischen Kirchen Kölns liegt St. Pantaleon inmitten eines eingegrenzten Klosterbezirks, dessen Gründung bis in die spätkarolingische Zeit zurückreicht. Wie zeitgenössische Quellen berichten, stand bereits um die Mitte des 9. Jahrhunderts an dieser Stelle ein kleiner Saalbau mit Rechteckchor, der dem aus dem byzantinischen Reich stammenden Arzt und Märtyrer Pantaleon von Nikodemien geweiht war. Das kleine Gotteshaus – die übrigens älteste Pantaleonskirche westlich von Byzanz – wurde ein Jahrhundert später von Erzbischof Bruno, dem Bruder Kaiser Ottos I. und Kanzler des Reiches, in das von ihm gegründete Benediktinerkloster integriert, das einem deutlich größeren, repräsentativeren Kirchenneubau weichen musste. Geweiht werden konnte es erst nach Brunos Tod unter seinem Nachfolger Erzbischof Warinus im Jahre 980.

Ähnlich wie ihr kleinerer Vorgängerbau hatte die ottonische Abteikirche die Gestalt eines flach gedeckten einschiffigen Saalbaus, der mit einer über einer Ostapsis errichteten Krypta abschloss und von zwei Annexbauten mit einer jeweils kleineren östlichen Apsis flankiert wurde. Ursprünglich sollte dem neu konzipierten Westwerk karolingischen Typs – einem quadratischen, im Untergeschoss gewölbten Mittelbau mit seitlichen Turmbauten – ein achteckiger Zentralbau vorgelagert werden, der als Grabstätte für den Gründungsbischof vorgesehen war. Bedingt durch den frühen Tod Brunos im Jahre 965 wurde dieser Gebäudekomplex jedoch nie realisiert, es erfolgte lediglich die Errichtung der Fundamente, die heute noch im Pflaster vor der Kirche gekennzeichnet sind. Auch

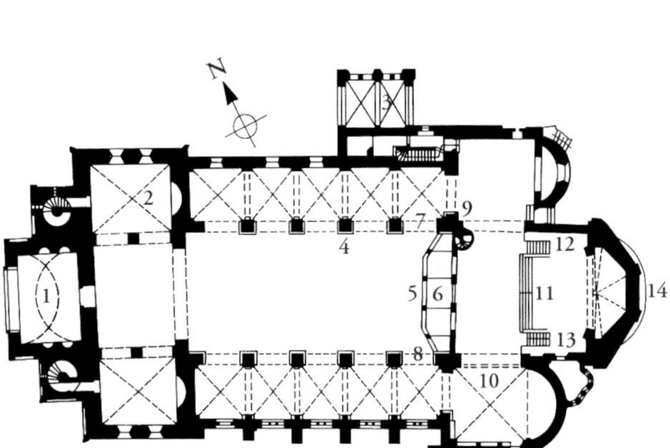

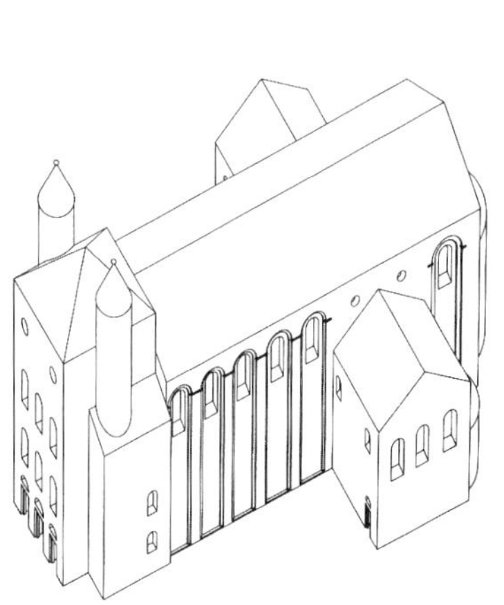

die Vollendung des dreigeschossigen Westwerks erfolgte erst nach dem Tode des Erzbischofs gegen Ende des ersten Jahrtausends, als es in der Folge der Stiftung der Albinusreliquien zu einem Erweiterungsbau durch Kaiserin Theophanu, der Gemahlin Kaiser Ottos II. und Nichte des byzantinischen Herrschers Johannes I. Tzimiskes, kam. Das Westwerk lehnte sich einerseits an die Motivik der karolingischen Domkirche an und wirkte andererseits vorbildhaft auf die nachfolgenden Kirchenbauten – wie die Westfassade von St. Maria im Kapitol oder auch den spätstaufischen Turmaufbau von Groß St. Martin (mit den seinerzeit nur zwei ausgeführten Ecktürmen im Osten). Zeitgleich mit den Abschlussarbeiten am (zwischenzeitlich modifizierten) Westbau erfolgten auch die Verlängerung des einschiffigen Langhauses nach Westen, der Einbau der gestelzten Ostapsis sowie die Erweiterung der Krypta zur Ringkrypta. Im Jahre 991 fand die Beisetzung von Kaiserin Theophanu in Gegenwart ihres Sohnes, Kaiser Ottos III., im Westwerk von St. Pantaleon statt. (Eine Neuschöpfung des Sarkophags aus dem Jahre 1965 steht heute im nördlichen Westwerk [2]). Nach der Beisetzung Theophanus siedelten sich zahlreiche ihrer Landsleute aus dem östlichen Mittelmeerraum in der unmittelbaren Umgebung der Kirche an – was sich in Kölner Straßennamen wie „Großer" oder „Kleiner Griechenmarkt" niederschlug.

Ansicht von Norden

Um die Mitte des 12. Jahrhunderts wurde die Saalkirche durch den Anbau der kreuzgratgewölbten Seitenschiffe in eine Pfeilerbasilika umgewandelt, die in ihrer Anlage dem Langhaus von St. Cäcilien ähnelt. Gleichzeitig entstanden die Rundgeschosse der Flankentürme. Zu letzten mittelalterlichen Baumaßnahmen kam es schließlich in spätstaufischer Zeit, als man die Hauptapsis sowie den Südannex neugestaltete; hier erhielt die Südwand eine reiche Gliederung durch Kleeblattbögen auf Säulchen, Rundbogenfries und Laufgang. Im Jahre 1503 stiftete Abt Johannes Lüninck den großen spätgotischen Lettner, der mehrmals seinen Standort wechseln musste und seit dem Wiederaufbau der Kirche nach dem Zweiten Weltkrieg an seinem heutigen Platz vor dem Altarraum steht. Zu einer durchgreifenden Neugestaltung der Kirche kam es dann erst wieder im frühen 17. Jahrhundert, als der Architekt Christoph Warmser, der auch für den Bau der Jesuitenkirche St. Maria Himmelfahrt in der Marzellenstraße verantwortlich zeichnete, den Langhausobergaden mit großen zweibahnigen Maßwerkfenstern ausstattete, Langhaus und Chor mit einem durchgehenden Rautennetzgewölbe versah und den Chor in gotisierenden Formen neu errichtete. Um 1750 erhielt der Altarraum

Nachzeichnung des geplanten (jedoch nicht realisierten) ottonischen Zentralbaus im Pflaster vor dem Westwerk

rechte Seite: Westwerkfassade

Südlicher Flankenturm

seine bis heute erhaltene Rokoko-Ausstattung.

Nach dem Einsturz des südlichen Flankenturms im Jahre 1757 wurde der Mittelturm des Westwerks erneuert und mit einer barocken Haube versehen, während die Seitentürme bis auf die Stümpfe niedergerissen wurden. Nachdem das Gotteshaus den französischen Besatzungstruppen zunächst als Lazarett und dann als Pferdestall gedient hat, übernahm es in der Folge der Säkularisation die Funktion einer evangelischen Garnisonskirche der preußischen Truppen; zudem diente der Turm seit 1835 als optische Telegraphenstation Nr. 51 für die Linie Berlin–Koblenz. Das Kuriosum fand ein Ende, als man sich in den 1890er-Jahren für den Abriss des Barockturms und eine Rekonstruktion des ottonischen Westwerks, die sich an alten Ansichten orientierte und auf historistische Umdeutungen verzichtete, entschied; dieser wurde beim Wiederaufbau nach dem Zweiten Weltkrieg weitgehend Rechnung getragen.

Westwerk, Ansicht von Süden

Den architekturhistorisch markantesten Bauteil von St. Pantaleon bildet das ottonische Westwerk, das in seiner heutigen – wiederhergestellten – Gestalt unverkennbar von der Klarheit, Einfachheit und Strenge der frühmittelalterlichen Baukunst geprägt ist. Es präsentiert sich in Form eines hohen quadratischen Zentralbaus, der an drei Seiten von doppelgeschossigen Flankenbauten umgeben ist. Zwischen die im rechten Winkel aneinanderstoßenden Baukörper sind nach Westen hin die beiden mit Kegeldächern abschließenden Treppentürme eingestellt, die im Grundriss vom Quadrat über das Achteck in die Kreisform überführt werden. Die durch Lisenen, Rundbogenfriese, Pilaster und Rundbogenfenster gegliederte Fassade oberhalb des breiten Rundbogens, durch den man in die Vorhalle tritt, war ursprünglich mit einem reichhaltigen Figurenprogramm aus dem späten 10. Jahrhunderts geschmückt; anhand der erhaltenen Teile lässt sich rekonstruieren, dass sich in der oberen Wandpar-

Mittelschiff nach Osten

tie eine überlebensgroße Maiestas Domini-Darstellung mit den monumentalen Darstellungen der beiden Titularheiligen Pantaleon und Albinus befunden haben muss, während in den Zwickeln der Vorhallenöffnung Engel standen.

Die Vorhalle, die im ausgehenden 19. Jahrhundert dem Originalbestand nachempfunden wurde, führt ins Langhaus über, das sich dem heutigen Besucher als eine stimmige Synthese unterschiedlicher historischer Stilelemente präsentiert, die in dem (rekonstruierten) ottonisch-romanischen Baukörper, dem spätgotischen Lettner sowie der barocken Kanzel und dem barocken Hochaltar zusammenfinden. Der schachtartige Zentralraum verbindet sich mit den Flügelbauten im Norden und Süden durch Doppelarkaden, während er sich ins Obergeschoss – der einstmals der Kaiserfamilie vorbehaltenen Hauptempore – mit einer Dreierarkade öffnet. Hier wurde im Jahre 1997 das sogenannte Lapidarium eingerichtet (1), in dem eine Auswahl mittelalterlicher Steinfragmente ausgestellt ist: darunter eine inkrustierte Mosaikplatte der Karolingerzeit, Reste einer romanischen Chorschranke sowie die ottonischen Skulpturenfragmente der Westfassade, deren markantestes ein überlebensgroßer Christuskopf aus dem Jahre 980 ist.

Nach Osten schließt an das Westwerk ein monumentaler Rundbogen an, der

Blick ins Westwerk mit den Emporenöffnungen des späten 10. Jahrhunderts

Theophanu-Sarkophag im nördlichen Westwerkannex (Neuschöpfung von Sepp Hürten, 1965)

einst die Verbindung zum Langhaus der Mönchskirche darstellte. Das Untergeschoss der Mittelschiffwände ist durch jeweils eine siebenteilige Blendbogenreihe im flachen Relief gegliedert, die im Osten mit breiten Rundbogenöffnungen zu den Querannexen überführt, während sich der Obergaden mit schlanken Rundbogenfenstern öffnet. Den oberen Abschluss bildet die nach dem Zweiten Weltkrieg eingesetzte kassettierte Flachdecke, die an die Stelle des barocken Netzgewölbes trat. Diese wandelt den ursprünglichen Raumgedanken jedoch dahin ab, dass sie die für die Einwölbung notwendig gewordene Erhöhung der Obergadenzone nicht berücksichtigt.

Am östlichen Abschluss des Langhauses steht heute der nach dem Zweiten Weltkrieg vor den Altarraum versetzte Lettner (5), der polygonal zur Mitte hin vorspringt. In seinem filigranen Flamboyantstil, seinem fein gearbeiteten Maßwerk und seinem reichen Skulpturenprogramm stellt er ein herausragendes Beispiel spätgotischer Steinmetzkunst dar. Die weitgehend erhaltene Vorderseite gliedert sich durch fünf Korbbögen, deren mittlerer das besonders aufwändig gestaltete Hauptrelief trägt: Dargestellt ist hier – unter stufenweise ansteigenden Baldachinen – die Muttergottes mit dem Jesusknaben, zu ihrer Rechten und Linken stehen die hll. Benedikt, Albinus, Pantaleon und Mauritius sowie zwischen diesen, in deutlicher Verkleinerung, die vier Evangelisten. Bereits im ausgehenden 17. Jahrhundert als Tribüne vor das Westwerk gesetzt, dient der Lettner auch in seiner heutigen Aufstellung als Musikempore

Spätgotischer Lettner mit frühbarockem Orgelprospekt von 1652 und der 1963 eingesetzten Klais-Orgel

Südöstlicher Annex des späten 10. Jahrhunderts mit spätstaufischen Gliederungselementen

Stuckrelief mit dem hl. Pantaleon im Zentrum des Hochaltars

links: Hochaltar, 1747–1749; im Hintergrund die drei Chorfenster des Glasmalers Heinrich Bruin d. J., 1622

rechts: Barockkanzel, 1747–1749

für die Orgel. Während sich der frühbarocke Orgelprospekt aus dem Jahre 1652 in seiner ursprünglichen Gestalt erhalten konnte, ist das Instrument selber jüngeren Datums; es wurde 1963 von der Bonner Orgelbaufirma Klais eingesetzt.

An der nördlichen Seite um ein Joch vorgelagert, befindet sich die prachtvoll gestaltete Barockkanzel (4), die im Kontext der Chorumgestaltung zwischen 1747 und 1749 ausgeführt wurde. Ein geschwungener Treppenlauf führt hinauf zum vierseitigen Kanzelkorb, der von einem mit goldenen Voluten und Putten geschmückten Schalldeckel bekrönt wird. Die vier Füllungen des Treppenaufgangs und der Kanzelbrüstung dekorieren filigrane Goldmalereien auf bläulichem Stuckmarmor. Sie zeigen die vier Evangelisten mit ihren Symbolen auf der Kanzelbrüstung, Jesus bei Nikodemus Jesus und die Samariterin, die Heilung des Blinden und die Schlüsselübergabe an Petrus in den Füllungen der Treppe sowie die Bergpredigt auf dem Kanzelpfeiler.

Hinter dem Lettner liegt der Chorraum, dessen Öffnung durch die beiden auf Wandkonsolen stehenden Statuen der Maria auf der Mondsichel (13) und des Christus Salvator (12) flankiert wird; sie gelten als Arbeiten des Bildhauers Jeremias Geisselbrunn, der zwischen 1620 und 1652 in Köln tätig war. In der Mittelach-

links: Spätstaufischer Kapitelsaal (sog. Schatzkammer) über dem südlichen, an die Kirche angrenzenden Kreuzgangflügel

rechts: Südlicher Kreuzgangflügel, nach 1216

se des Chorhaupts erhebt sich der barocke Hochaltar (11), der von einem Baldachin mit einem auf einer Kugel stehenden Kreuz bekrönt wird. Das Zentrum des Altars nimmt ein in Weiß gehaltenes Stuckrelief des hl. Pantaleon ein, der in ein antikisierendes Gewand gehüllt ist und die Augen zum Himmel erhoben hat. Umgeben ist die Figur des Kirchenpatrons von einem Vorhang aus stilisierten Wolken, dem ein Putto zu seiner Linken ein Salbgefäß – als ein repräsentatives Attribut auf sein Patronat über die Ärzteschaft – darreicht. Den Hochaltar umrahmen drei große Fenster, die sich in ihrer gotisierenden Manier als Schöpfungen des 17. Jahrhunderts erweisen (14). Im Jahre 1622 vom Glasmaler Heinrich Bruin d. J. angefertigt, sind sie nur in den oberen Teilen bis ins nachgotische Maßwerk hinein gestaltet; die untere, vom Hochaltar verdeckte Partie ist hingegen plan. Auf dem mittleren Fenster befindet sich eine über alle drei Vertikalbahnen verlaufende Kreuzigungsszene, während in den beiden seitlichen Fenstern jeweils drei heilige Einzelpersönlichkeiten zu sehen sind: im nördlichen der hl. Pantaleon, flankiert von den beiden Ritterheiligen Mauritius und Quirinus, im südlichen der hl. Benedikt mit zwei heiligen Bischöfen zu seiner Seite.

Zu den kostbarsten Ausstattungsstücken von St. Pantaleon zählen die mit vergoldeten Dachreliefs abschließenden Reliquienschreine der hll. Maurinus und Albinus (7, 8), die seit dem Jahr 2000 beidseitig vor dem Lettner aufgestellt sind: im Norden der um 1170 entstandene Maurinusschrein, im Süden der ins Jahr 1186 datierte Albinusschrein. Während auf beiden Schreinen die verlorengegangenen Malereien der Außenseiten durch Braunfirnisplatten ersetzt wurden, konnten sich die wenig später entstandenen, in vergoldetem Kupfer getriebenen Dachreliefs weitgehend erhalten. Den Maurinusschrein schmücken zudem vier hochformatige Platten mit Engelsdarstellungen, die zu den Höhepunkten kölnischer Emailkunst des Hochmittelalters zählen. Ebenfalls hochmittelalterlicher Herkunft sind mehrere Wandmalereifragmente, die heute im Nord- und Südannex ausgestellt sind (9, 10).

Zur einstigen Klosteranlage gehörte der im Norden an das Kirchengebäude angrenzende Kapitelsaal, auch als Schatzkammer bezeichnet (3), der im frühen 13. Jahrhunderts über zwei Jochen des südlichen Kreuzgangflügels errichtet wurde. Der kuppelgewölbte Raum diente zur Aufbewahrung für Reliquien und andere Wertgegenstände; er ermöglichte, wie dies eine zugesetzte Türöffnung im Inneren vermuten lässt, den direkten Zutritt zur Lettnerbühne, die ursprünglich auf gleichem Höhenniveau lag.

Albinusschrein, 1186, und Maurinusschrein, um 1170

Seraphim, Detail vom Maurinusschrein, um 1170

St. Peter

In unmittelbarer Nachbarschaft von St. Cäcilien steht die Pfarrkirche St. Peter, die sich aus zwei unterschiedlichen Baukörpern zusammensetzt: dem nach Nordwesten orientierten romanischen Glockenturm und der sich nach Süden anschließenden spätgotische Emporenbasilika, dem letzten Sakralbau der Gotik in Köln. Archäologische Ausgrabungen brachten insgesamt sechs Bauperioden zutage: drei römische bzw. spätrömische, eine staufische, eine gotische aus dem 14. Jahrhundert sowie die heutige Kirche vom Beginn des 16. Jahrhunderts.

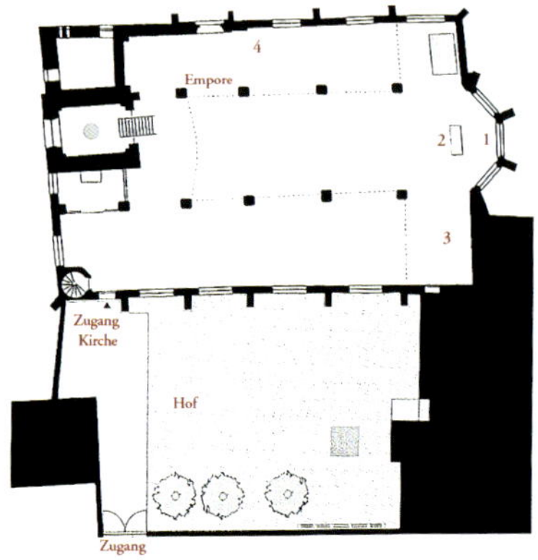

1 *Chorfenster*
2 *Altar*
3 *Rubens*
4 *Chillida*

Die erste urkundlich überlieferte Kirche an dieser Stelle entstand im 9. oder 10. Jahrhundert, sie wurde vermutlich zeitgleich mit dem Gründungsbau des Cäcilienstifts, zu dem sie bereits seit dem Jahre 941 gehörte, errichtet. Um die Mitte des 12. Jahrhunderts kam es dann zu einem staufischen Neubau, von dem sich einzig der viergeschossige, durch Blendbögen, Schallarkaden und Rundbogenfriese gegliederte Turm erhalten hat; das bekrönende Pultdach ist hingegen neuzeitlich. Zwischen 1515 und 1530 wurde an der Stelle des romanischen Kirchenschiffs ein Nachfolgebau im Stil der Spätgotik errichtet, der in Form einer dreischiffigen Pfeilerbasilika mit polygonaler Apsis und den für die Kölner Pfarrkirchen charakteristischen Emporen, hier mit feingliedrigen Netzgewölben ausgestattet, angelegt ist.

In ihrer heutigen, nach den schweren Kriegsschäden rekonstruierten Gestalt orientiert sich die Kirche weitgehend am mittelalterlichen Baubestand; die einzige Ausnahme bilden die spätgotischen Gewölbe, die durch eine Flachdecke ersetzt wurden, sowie die Dächer, die eine deutlich flachere Neigung erhielten. Durch statische Probleme notwendig geworden, erfolgte um die Jahrtausendwende eine weitere Sanierungsmaßnahme, in deren Folge ein ganz einzigartiger Kirchenraum entstand, dem – wie in keiner anderen Kölner Kirche – die Aura der Leere und Stille eignet. So wurde die dunkle Holzdecke der 1950er-Jahre durch eine helle, weiter oben angebrachte Flachdecke ersetzt, der ehemalige Backsteinfußboden musste einem grauen Estrich weichen, die Wandflächen wurden (für einen Kirchenraum relativ ungewöhnlich) in einem warmen Farbton verputzt, die Kir-

Ansicht von Süden

Blick in den Chor

chenbänke gegen einzelne Stühle ausgetauscht, die nur zu Gottesdiensten aufgestellt werden; außerhalb der Messen verbleibt der Kirchenraum leer. Insgesamt präsentiert sich das Innere von St. Peter als ein 37,5 m langer und in der Mitte 21 m breiter lichtdurchfluteter Raum, der einen zusätzlichen Gliederungsakzent durch die an drei Seiten umlaufende Empore sowie die dreiteilige Apsis erhält. Durch den Verzicht auf die Empore im östlichen Langhausjoch entsteht dort eine Art Querhaus, das am Außenbau jedoch nicht in Erscheinung tritt.

Die Glasfenster in der Apsis (1) und den Seitenschiffen gehören zu den wertvollsten Ausstattungsstücken der Kirche. Entstanden in den Jahren 1528 bis 1530, markieren sie in ihrer perspektivischen Auffassung von Architektur und Landschaft, der realistischen Detailbearbeitung sowie der plastischen Darstellung von Stofflichkeit und Textur in eindrucksvoller Weise den Übergang von der Spätgotik zur Frührenaissance. Die zentralen Partien der Chorfenster sind der Passionsgeschichte vorbehalten: beginnend

Kreuzigungsfenster
1528–1530

Spätgotisches Netzgewölbe unter den Emporen

Peter Paul Rubens, Kreuzigung Petri, 1638

mit der Kreuztragung über die Kreuzigung bis zur Kreuzabnahme, während die darunter liegenden Felder die Stifter der Fenster (unter ihnen die Äbtissin Elisabeth von Manderscheid) zeigen. Ein weiteres kostbares „Ausstattungsstück" hängt in der südlichen Chorpartie: die *Kreuzigung Petri* (3), die Peter Paul Rubens im Jahre 1638, mitten im Dreißigjährigen Krieg, als Hauptaltarbild für St. Peter, die Pfarrei, in der er getauft worden war, gemalt hat. Die von einer starken Dynamik und Dramatik geprägte Komposition zeigt den sich am Kreuz aufbäumenden Apostel und die ihn mit großer Brutalität peinigenden Folterknechte. Neben der Schilderung eines Menschenschicksals kommt dem Gemälde ein darüber hinausgehender symbolischer, der programmatischen Idee des Jesuitenordens folgender Gehalt zu. Es ist nicht nur der Mensch Petrus, der am Kreuz hängt, sondern die Personifikation der durch die Religionskriege geschundenen römischen Kirche, die letztlich siegen wird: So versinnbildlicht der vom oberen rechten Bildrand herabfliegende Engel mit Lorbeerkranz und Siegespalme in seinen Händen den Triumph des Katholizismus.

Eduardo Chillida, Gurutz Aldare (Kreuzaltar), 2000

Im nördlichen Seitenschiff steht die Granitskulptur *Gurutz Aldare* (Kreuzaltar) (4), die der baskische Bildhauer Eduardo Chillida (1924–2002) im Jahr 2000 nach einem Alabastermodell von 1969 angefertigt und der Gemeinde als Geschenk überlassen hat. Deutlich erkennbar ist die Kreuzstruktur der dreiteiligen Skulptur, die durch Schnitte mit einigen Auslassungen aus einem Quader entwickelt wurde. Als genuin autonomes Kunstwerk konzipiert, wirkt sie

Romanischer Westturm (1170) mit der Lichtinstallation „Don't Worry“ des englischen Künstlers Martin Creed (2000)

im räumlichen Kontext des Sakralbaus in Korrespondenz zur dreiseitigen Apsis wie ein in drei Kreuze zerbrochener Steinaltar. Ebenfalls aus dem Jahr 2000 stammt die Lichtinstallation, die der Londoner Künstler Martin Creed (geb. 1968) am romanischen Kirchturm angebracht hat. Bei Dunkelheit weithin sichtbar ist die in die vier Himmelsrichtungen weisende, in Englisch, Deutsch, Latein und Griechisch verfasste Neon-Botschaft DON'T WORRY | SORGE DICH NICHT | NOLI SOLICITUS ESSE | MH MEPIMNA.

Im Jahre 1987 rief der Jesuit Friedhelm Mennekes die Kunststation St. Peter ins Leben, die seitdem in der Kirche ihr Domizil hat. In regelmäßigem Turnus finden hier Ausstellungen zur Gegenwartskunst, Konzerte Neuer Musik sowie Lesungen zeitgenössischer Literatur statt.

St. Severin

Ansicht von Westen, 1930/35

rechte Seite: Ansicht von Osten

Im Kölner Stadtpanorama bildet die im Süden der Altstadt, dem Severinsviertel (auf gut kölsch „Vringsveedel"), gelegene Pfeilerbasilika St. Severin mit ihrer markanten Dreiturmgruppe ein städtebauliches Pendant zur spätromanischen Dreiturmanlage von St. Kunibert im nördlichen Zentrum. Trotz einer sehr langen und komplexen Baugeschichte wird das äußere Erscheinungsbild der Stiftskirche unverkennbar vom Formengut der Gotik dominiert, das den ursprünglichen romanischen Baubestand aufgreift, modifiziert und in das eigene Stilvokabular integriert. So verbinden sich am Kirchenäußeren Blendarkaturen, Zwerggalerie und Rundbogenfenster mit Maßwerkfenstern, Strebewerk und Blendmaßwerk – wie auch im Inneren der polygonale Chor mit den spitzbogigen Arkaden des Obergeschosses und den Sechspassfenstern im Sockelgeschoss zu einer gelungenen Synthese von romanischen und gotischen Formen findet.

Die Ursprünge der Kirche – eines inmitten eines dicht belegten Friedhofsfeldes errichteten kleinen Memorialbaus (cella memoria) am Ostende der römischen Straße von Bonn nach Köln – reichen bis in die spätrömische Zeit zurück.

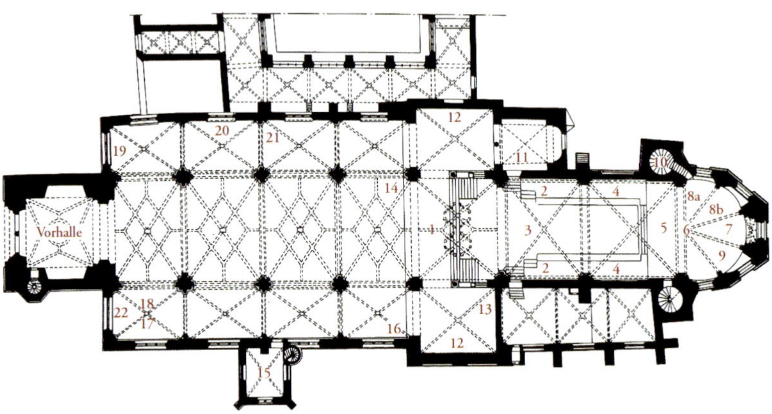

1 *Crucifixus dolorosus*
2 *Severinszyklus*
3 *Bodenmosaik*
4 *Chorgestühl*
5 *Hochaltar*
6 *Severinusschrein*
7 *Zwei Triptychontafeln*
8a *Thesaurium*
8b *Reliquienschrank*
9 *Epitaph Chimarrhaeus (Tafel)*
10 *Schatzkammer*
11 *Zugang Krypta/ Nekropole*
12 *Brunozyklus*
13 *Abendmahlstriptychon*
14 *Madonna*
15 *Pietà (Marienkapelle)*
16 *Epitaph Gaill*
17 *Epitaph Dr. Tisch*
18 *Epitaph Wippermann*
19 *Epitaph Heresbach*
20 *Epitaph Chimarrhaeus*
21 *Memorienaltar*
22 *Kreuzigungsfenster*

teilweise mit Malereien ausgestattet waren. Im 17. Jahrhundert ersetzte man die mittelalterliche Innenausstattung durch eine barocke Dekoration, die eine helle Verglasung von Chor und Langhaus sowie die Ausmalung des gesamten Raumes mit floralen Ornamenten vorsah. 1723 wurde der barocke Hochaltar nach Entwürfen des niederländischen Bildhauers Frans Langhemans installiert, der den inzwischen im Chor aufgestellten Severinusschrein verdeckte. Die barocke Ausstattung wurde jedoch nach der Säkularisation im 19. Jahrhundert mehr und mehr beseitigt. Diese Maßnahme fand in einer purifizierenden, neugotischen Umgestaltung in den 1930er-Jahren ihren Abschluss, welche wiederum die Vorlage für die Wiederaufbaumaßnahmen nach dem Zweiten Weltkrieg lieferte.

Trotz erheblicher Verluste in der Folge der Säkularisation zu Beginn des 19. Jahrhunderts, als das Chorherrenstift zur Pfarrkirche umgewandelt wurde, verfügt St. Severin heute noch über eine große Zahl an wertvollen Ausstattungsstücken, die aus den Epochen von Romanik, Gotik, Renaissance und Barock stammen. Eine besondere Kostbarkeit stellt der Mosaikboden im spätromanischen Chor (3) dar, der in „opus alexandrinum", einem

rechts unten: Ostapsis

Ansicht von Südwesten

Bereits im 4. Jahrhundert ist an der Stelle der heutigen Severinskirche ein christlicher Sakralbau belegt, der bereits eine Stätte der Heiligenverehrung war – wohl noch nicht des dritten Kölner Bischofs Severinus, der erst im ausgehenden 8. Jahrhundert zum Kirchenpatron werden sollte, sondern der heiligen Märtyrer Cornelius und Cyprianus. An diese erste kleine Saalkirche mit halbrunder Westapsis und einem östlichen Vorbau wurden im 5. und 6. Jahrhundert eine dreiteilige Vorhalle im Osten und zwei seitenschiffartige Annexbauten im Süden und Norden angefügt. In karolingischer Zeit erfolgten mehrere Erweiterungen der Kirche, die weiterhin noch nach Westen gerichtet war. Im Jahre 948 wurde ein Neubau geweiht, der die Gestalt einer dreischiffigen Basilika mit Rechteckchor und einem massiven Westbau einnahm – was eine Umorientierung nach Osten zur Folge hatte. Der Grund für diese Änderung mag in der zunehmenden Verehrung des hl. Severin gelegen haben, dessen Grab sich unmittelbar im Osten vor dem Gründungsbau befunden hat. Durch eine Umorientierung des Bauwerks wollte man ihn so ins Zentrum der Verehrung rücken. Von diesem ottonischen Bau sind bis heute neben den Grundmaßen von Mittel- und Seitenschiffen die Confessio sowie die seitlichen Chorräume als Querhausflügel erhalten.

Um 1030 wurde an den bestehenden Bau ein Langchor mit einer dreischiffigen Hallenkrypta sowie zwei doppelgeschossigen Nebenchören angefügt, der im Jahre 1043 durch Erzbischof Herimann II. geweiht wurde. Ein erneuter Ausbau erfolgte knapp 200 Jahre später, als man zwischen 1220 und 1230 den

Westfenster

Langhaus nach Osten

Chor um eine von zwei sehr schlanken Türmen flankierte, reich verzierte spätromanische Apsis mit polygonalem Schluss verlängerte und gleichzeitig den Langchor einwölbte. Weitere, insbesondere das äußere Erscheinungsbild betreffende Baumaßnahmen erfolgten dann in der Gotik: Die Chorflankentürme wurden erhöht und mit Spitzhelmen gedeckt, zwischen 1393 und 1411 ersetzte man den vermutlich baufällig gewordenen alten romanischen Westturm bis in Höhe des Langhausdaches durch einen neuen Turm mit einem großen gotischen Maßwerkfenster. Dessen Obergeschoss, das mit einem steilen Spitzhelm bekrönt wurde, konnte erst um die Mitte des 16. Jahrhunderts vollendet werden. Mit seinen 73 Metern ist der monumentale zweigeschossige Turm von St. Severin – nach Groß St. Martin – der zweithöchste im Verbund der großen romanischen Kirchen Kölns. Nahezu zeitgleich fand auch der im Jahre 1479 begonnene gotische Umbau des Langhauses zu seinem Ende: In Mittelschiff und Vierung wurden Netzgewölbe eingezogen, während man im Obergaden und in den Seitenschiffwänden Maßwerkfenster einsetzte, die

Fragment des mittelalterlichen Schmuckfußbodens im westlichen Chorjoch, verm. 12. Jahhundert

teilweise mit Malereien ausgestattet waren. Im 17. Jahrhundert ersetzte man die mittelalterliche Innenausstattung durch eine barocke Dekoration, die eine helle Verglasung von Chor und Langhaus sowie die Ausmalung des gesamten Raumes mit floralen Ornamenten vorsah. 1723 wurde der barocke Hochaltar nach Entwürfen des niederländischen Bildhauers Frans Langhemans installiert, der den inzwischen im Chor aufgestellten Severinusschrein verdeckte. Die barocke Ausstattung wurde jedoch nach der Säkularisation im 19. Jahrhundert mehr und mehr beseitigt. Diese Maßnahme fand in einer purifizierenden, neugotischen Umgestaltung in den 1930er-Jahren ihren Abschluss, welche wiederum die Vorlage für die Wiederaufbaumaßnahmen nach dem Zweiten Weltkrieg lieferte.

Trotz erheblicher Verluste in der Folge der Säkularisation zu Beginn des 19. Jahrhunderts, als das Chorherrenstift zur Pfarrkirche umgewandelt wurde, verfügt St. Severin heute noch über eine große Zahl an wertvollen Ausstattungsstücken, die aus den Epochen von Romanik, Gotik, Renaissance und Barock stammen. Eine besondere Kostbarkeit stellt der Mosaikboden im spätromanischen Chor (3) dar, der in „opus alexandrinum", einem

geometrischen Muster aus gelblich-weißem und schwarzem Marmor, ausgeführt ist. Im Zentrum des Chors steht der bis ins Hochmittelalter in der Confessio aufbewahrte Severinusschrein (6), der auf vier spätromanischen Säulen ruht. Bei dem Schrein selbst handelt es sich um eine im Stile der Neugotik gehaltene Nachschöpfung des Historismus. Von dem kurz vor 1100 entstandenen Original, das während der französischen Besatzungszeit (1794–1814) eingeschmolzen wurde, konnte sich lediglich eine Scheibe in Goldemail, die sogenannte *Severinsscheibe*, erhalten (heute im Kirchenschatz (10) aufbewahrt). An den Wänden im westlichen Chorjoch hängt über dem aus Eichenholz geschnitzten Chorgestühl des späten 13. Jahrhunderts (4) der groß angelegte Gemäldezyklus zum Leben und Martyrium des hl. Severin (2), der, um 1500 entstanden, dem Meister der Ursulalegende zugeschrieben wird. Der Zyklus schildert in 20 auf Leinwand angelegten Bildern die Legende des Titelheiligen, wobei die letzte Tafel die damalige

Detail des zweireihigen Chorgestühls, Ende 13. Jahrhundert

Schmuckkonsole im Langchor

Innenraumausstattung der Stiftskirche zeigt. Unter jeder Szene findet sich der zugehörige lateinische Text, flankiert vom in der Verkleinerung wiedergegebenen Stifter mit seinem Wappen. Vom Meister von St. Severin bzw. aus dessen Werkstatt stammen auch die beiden Tafelgemälde über der Altarmensa (5) in der zentralen Scheitelnische der Apsis, die um 1520 entstanden sind. Sie werden an der Nordseite vom gotischen Thesaurium aus dem Jahre 1383 (8a) und einem rechteckigen, in der Wand eingelassenen Reliquienschrank (8b) sowie an der Südseite von der vergoldeten Mitteltafel vom Chimarrhaeus-Epitaph (heute im nördlichen Seitenschiff) flankiert (9). Bei den beiden Bildern handelt es sich um die ehemaligen Flügel eines Triptychons (7), dessen Mittelteil nicht mehr existiert: Eine Tafel zeigt den hl. Cyprianus, einen der Mitpatrone der Kirche, in päpstlichem Ornat, zusammen mit der hl. Agathe; auf der anderen Tafel stehen in frontaler Haltung der hl. Stephan und die hl. Helena. Vermutlich aus dem Umkreis des Meisters von St. Serverin stammt auch ein Glasfenster am Westende des südlichen Seitenschiffs, das in seinem unteren Teil eine Kreuzigungsszene zeigt (22),

linke Seite
oben: Blick in den Langchor
links unten: Blick in den Altarraum
rechts unten: Severinusschrein; historistische Nachschöpfung des kurz vor 1100 entstandenen Originals

links: Severinszyklus (14. Szene), Meister von St. Severin, um 1500

Kreuzigungsfenster, Anfang 16. Jahrhundert

Crucifixus dolorosus, Köln, verm. Mitte 14. Jahrhundert

während der obere Teil eine gelungene neuzeitliche Füllung ist. Von einem barocken Ausstattungsstück verdeckt, konnte das spätgotische Fenster als einziges der mittelalterlichen Glasmalereien die Fenstererneuerung der Jahre 1768 und 1769 überdauern.

An zwei Ketten im Gewölbe befestigt, hängt über dem Hauptaltar ein gotischer Kruzifix, welcher der Gruppe der *Crucifixi dolorosi*, der Schmerzens- oder auch Pestkreuze, zuzurechnen ist (1). Ähnlich wie die beiden Kreuze in St. Maria im Kapitol und St. Georg (s. S. 131 und 73) erhebt das Exemplar von St. Severin vor dem Hintergrund der spätmittelalterlichen Passionsfrömmigkeit das Leiden und den Schmerz des Gekreuzigten in das Zentrum der Darstellung. Ein weiteres herausragendes Bildwerk stellt die wahrscheinlich aus Frankreich stammende Madonna aus Kalkstein (14) dar, die am nordwestlichen Vierungspfeiler angebracht ist. Ihre Entstehungszeit ist für das ausgehende 13. Jahrhundert anzunehmen. Wo sie in der Kirche ursprünglich aufgestellt war, ist nicht mehr bekannt, es lässt sich jedoch am ehesten vermuten, dass sie für den Marienaltar in der Ostnische der Krypta bestimmt war. Auch die der Chorpartie vorgelagerten Querarme sind reich ausgestattet: So beherbergt das südliche Querhaus an seiner Ostwand ein großes spätgotisches Flügelretabel, das zwischen 1550 und 1555 entstandene *Abendmahlstriptychon* Bartholomäus Bruyns d. Ä. (13). Das erst 1987 nach längerer Auslagerung wieder nach St. Se-

Bartholomäus Bruyn d. Ä., Abendmahlstriptychon, um 1550/55

verin zurückgeführte Spätwerk des Kölner Malers, in dem sich spätgotische Stilformen mit Elementen des niederländischen Manierismus verbinden, stellt in seinem Mittelteil das Abendmahl als eine bewegte, nahezu expressionistisch anmutende Szene dar. Auf den beiden Flügelinnenseiten finden sich – sozusagen als „vorausweisende" Verheißungen – zwei alttestamentliche Ereignisse, auf den Flügelaußenseiten sind verschiedene Heilige dargestellt. Genau zwei Jahrhunderte jünger sind die acht Leinwandgemälde, die an der Süd- und Nordwand der Querhäuser hängen. Bei diesen handelt es sich um einen Zyklus mit Szenen aus dem Leben des hl. Bruno (12), dem Gründer des Kartäuserordens. Im Jahre 1753/54 im Auftrag der Kölner Kartause entstanden, kamen die Gemälde in der Folge der Säkularisation in die Pfarrkirche St. Severin. In der Marienkapelle am südlichen Seitenschiff steht eine aus Holz geschnitzte Pietà aus dem späten 15. Jahrhundert (15), mit der sich ein schönes Beispiel der spätmittelalterlichen Marienverehrung erhalten konnte.

Madonna, Frankreich (?), um 1280/90

Sehenswert in St. Severin ist fernerhin das hochrangige Ensemble von sechs Epitaphien, die, an den Außenwänden der Seitenschiffe angebracht, aus den Epochen von Manierismus und Frühbarock stammen (16-21): im südlichen die Ge-

links: Epitaph Ludger Heresbach (†1605)

rechts: Memorienaltar, 1614

denktafeln für den Stiftskämmerer Philipp Jacob Gaill (16), den 1568 verstorbenen Dechanten Dr. Georg Tisch (17) und, direkt unterhalb des Kreuzigungsfensters, den 1605 verstorbenen Konrad Wippermann, der als Dechant am Kanonikerstift tätig war (18); im nördlichen ein Memorienaltar von 1614 (21), der ursprünglich in der zu St. Severin zugehörigen kleinen Pfarrkirche St. Magdalena aufgestellt war, sowie die Epitaphien des Scholastikers Jacob Heresbach (19) und des Jacob Chimarrhaeus (20), eines ehemaligen Probstes am Severinstift und Abgesandter am kaiserlichen Hof Rudolfs II. in Prag.

In ihren Ausmaßen relativ einzigartig sind die archäologischen Ausgrabungen, die im Jahre 1925 mit der Ausgrabung eines unter dem Kreuzgang entdeckten Mausoleums aus dem 4. Jahrhundert begonnen und gegen Mitte der 1950er-Jahre abgeschlossen wurden. Kaum ein zweiter Ort in Köln dokumentiert derart lückenlos 2000 Jahre Baugeschichte wie die Funde unter St. Severin.

Vom Seitenschiff führt eine Treppe in einen um 1100 erbauten Raum unterhalb der nördlichen Chorkapelle (11), der, mit einem spätgotischen Taufstein und einem tiefblauen Fenster ausgestattet, heute als Baptisterium dient. Von hier aus gelangt

Epitaph Jakob Chimarrhaeus (†1614); die vergoldete Mittelplatte hängt heute im Hochchor, an ihrer Stelle befindet sich ein Votivbild des flämischen Malers E. Jerrigh

man über weitere Stufen und eine Gittertür zur langen dreischiffigen, durch niedrige Pfeilerpaare gegliederten Hauptkrypta, deren westlicher Teil aus der Mitte des 11. Jahrhunderts stammt, während die östliche mit vier Würfelkapitellpfeilern ausgestattete Partie zweihundert Jahre später im Kontext der im Jahre 1237 geweihten spätstaufischen Apsis errichtet wurde. Im älteren westlichen Bereich, der Confessio, wurde in einer niedrigen Gruft der Sarkophag des im Jahre 397 (?) verstorbenen Kölner Bischofs Severin aufbewahrt, auf den man durch zwei kleine Öffnungen, sogenannte „fenestellae", vom salischen Chor aus hinabblicken konnte. Eine weitere Krypta schließt nach Süden an; bei dieser handelt es sich um einen dreijochigen kreuzgewölbten, mit Wandmalereien und gotischen Maßwerkfenstern ausgestatteten Raum, der um 1400 als Unterbau der Stiftssakristei errichtet wurde. Die Südkrypta dient seit 2005 als sog. Sakrarium, in der sechs textile Fundstücke des im Jahre 1999 geöffneten Severinusschreins aufbewahrt werden. Noch weiter zurück in die Geschichte geht es westlich der Krypta. Hier hängt die Kopie eines spätantiken Kindergrabsteins, auf dem in ungelenken Blockbuchstaben eine lateinische Inschrift eingemeißelt ist, die (in der Übersetzung) besagt: „Hier ruht Concordia, den Eltern in Liebe ergeben. Ein halbes Jahr wurde sie alt und ruht nun unschuldig im Himmel." Neben der Grabplatte befindet sich eine Tür, die zu einer kurz vor dem Jahr 400 erbauten Totenkapelle unter dem Mittelschiff der Severinskirche – dem Zentrum einer spätantiken Nekropole – führt. Von dieser ersten Friedhofskirche haben sich noch die 3,40 m breite Konche und die in der Länge 9,20 m und der Breite 7,60 m messenden Umfassungsfundamente erhalten. Bei dem Raum, in dem eine große Zahl von steinernen Sarkophagen, darunter zwei karolingische Kalksteinsarkophage, aufgestellt ist, handelt es sich um den kleinen gewesteten „Urbau" von St. Severin. Noch ältere Grabungsfunde finden sich im Turmbereich, die Teile eines frühkaiserzeitlichen, vermutlich schon im 1. Jahrhundert angelegten, zweistöckigen Mausoleums waren.

Blick von der Confessio in die Hauptkrypta, 11./13. Jahrhundert

links oben: Gewölbemalereien in der Südkrypta, um 1400

Spätantiker Kindergrabstein in der Unterkirche (Kopie)

Spätantike Nekropole

St. Ursula

Ansicht von Südwesten, um 1920

Wie bei nicht wenigen der Kölner Kirchen, reichen auch die Anfänge von St. Ursula bis in die spätrömische Zeit zurück. So berichtet, wenn auch nicht ganz unumstritten, die um 400 entstandene Clematiustafel (5), die heute an der Südwand des Chores angebracht ist, von einer Kirche an dieser Stelle, die den heiligen Jungfrauen konsekriert war. Dabei handelte es sich um einen dreischiffigen Memorialbau mit einer Apsis in Breite des Mittelschiffs, der damals noch außerhalb der römischen Stadtmauer an einer Ausfallstraße lag. Das Patrozinium der hl. Ursula wurde in der Folge der verschiedenen Varianten der Ursulalegende, die sich im Laufe des Mittelalters herausgebildet hatten, und des damit einhergehenden Reliquienkultes erst im 17. Jahrhundert eingeführt. Nach der Legende handelte es sich bei der Heiligen um eine britannische Königstochter, die, als sie von einer Pilgerreise nach Rom in ihre Heimat zurückkehren wollte, zusammen mit den elf Jungfrauen in ihrer Begleitung während eines Hunneneinfalls in Köln ermordet wurde.

Verstärkt wurde die Legendenbildung noch, als zu Beginn des 12.Jahrhunderts in unmittelbarer Nachbarschaft der Kirche ein römischer Friedhof entdeckt wurde, auf dem man eine große Zahl von Skeletten barg – womit die materielle Grundlage für die Legende der elftausend Jungfrauen und zugleich für die immense Zahl von Reliquienfunden geliefert wurde. Dies hatte eine stark anwachsende Zahl von Pilgerreisen zur Folge, sodass die im 10. Jahrhunderts erstmals erweiterte und zum Damenstift erhobene Kirche nicht mehr genügend Raum bot. Nach der Einbeziehung in das Stadtgebiet im Jahre 1106 beschloss man im ersten Drittel des 12. Jahrhunderts den Neubau einer größeren, der 1135 geweihten, heute in ihrem Kern noch erhaltenen romanischen Kirche. Diese nahm die Form einer dreischiffigen, sechsachsigen Emporenbasilika mit kurzen Querarmen,

1 *Hochaltar*
2 *Ursulaschrein*
3 *Aetherinsschrein*
4 *Ursulazyklus*
5 *Clematiustafel*
6 *Grabmahl der hl. Ursula*
7 *Reliquiendoppelbüsten*
8 *Viventiasarkophag*
9 *Kreuztragungsrelief*
10 *Schutzmantelursula*
11 *Christus Salvator*
12 *Madonna*
13 *Christus in der Kelter*
14 *Neuromanische Mosaiken*
15 *Goldene Kammer*
16 *Schatzkammer*

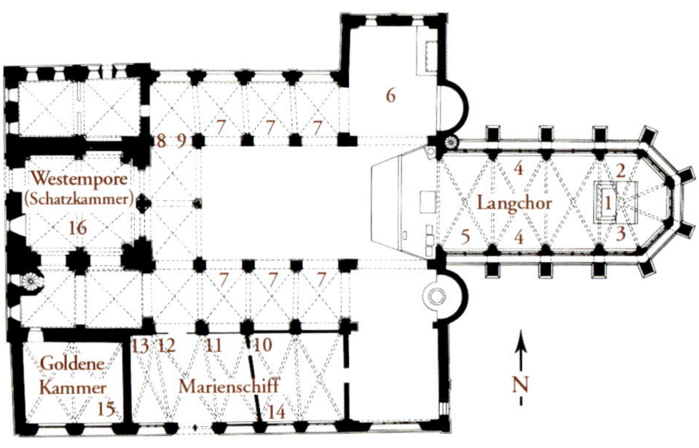

Langchor sowie einem zweigeschossigen, mit einem Turm abschließenden Westbau ein. Westlich des Gotteshauses lagen die Klausurgebäude des Damenstifts, deren zweigeschossiger Ostflügel mit der Westwand der Kirche in direkter Verbindung stand. Den ehemaligen Kreuzgangflügel bzw. dessen Arkadenstellung markieren heute noch die Blendbögen, die den Sockelbereich der Westturmfassade schmücken. Ihren endgültigen Abschluss fanden die Arbeiten am staufischen Bauwerk dann zu Anfang des 13. Jahrhunderts, als das nördliche Seitenschiff mit Fächerfenstern ausgestattet und der Westturm vollendet wurde.

Zu einem markanten Eingriff in die romanische Baugestalt kam es mit der Errichtung des gotischen Chores gegen Ende des 13. Jahrhunderts. Der gegenüber dem Langhaus erhöhte einschiffige Langchor zu drei Jochen, der mit einer polygonalen 5/8-Apsis abschließt, steht unverkennbar in der Nachfolge der im Jahre 1248 in Paris vollendeten Sainte-Chapelle und des im selben Jahr begonnenen gotischen Chorneubaus des Kölner Domes. Am Kirchenäußeren manifestiert sich der Anbau durch eine Folge abgetreppter Strebepfeiler, die in der Höhe der Fenstersohlbänke durchbrochen sind. Gleichzeitig entstand an der Südseite der Kirche ein zweites Seitenschiff zu fünf kreuzrippengewölbten Jochen, das sogenannte Marienschiff, auch Marienkapelle genannt. In der zweiten Hälfte des 15. Jahrhunderts erfolgte ein Umbau der langgestreckten Kapelle, in dessen Folge beide Schiffe durch das Öffnen der Zwischenwand miteinander verbunden wurden. Im Spätmittelalter umgestaltet, wurde auch der spätromanische Turm, der nach einem Sturm einen gotischen Knickhelm erhielt. Dieser wandel-

links oben: Sog. Marienschiff an der Südseite des Chors, 2. Hälfte 15. Jahrhundert

rechts oben: Ansicht von Süden

Ansicht von Osten

rechte Seite: Ansicht von Westen

te infolge eines Blitzschlags im Jahre 1680 erneut seine Gestalt, als ihm die heutige barocke Haube mit Bügelkrone über der Laterne aufgesetzt wurde. Aus dem Barock stammt gleichfalls die *Goldene Kammer* am Westende des Marienschiffs, die auf eine Stiftung des kaiserlichen Reichshofrates Johann von Crane und dessen Ehefrau Maria Verena im Jahre 1643 zurückgeht. Die Säkularisation zu Anfang des 19. Jahrhunderts hatte eine Auflösung des Damenstifts zur Folge, wobei St. Ursula zur Pfarrkirche der zugehörigen Pfarrei Maria Ablass herabgestuft wurde. Wie bei fast allen Kölner Kirchen verschlechterte sich der bauliche Zustand von St. Ursula in der Folgezeit immer mehr, sodass in der zweiten Jahrhunderthälfte eine umfassende Sanierung mehr als erforderlich schien, die eine den romanischen Zustand rekonstruierende Restaurierung zur Folge hatte. Die historistische Umgestaltung wurde im Zuge der Wiederaufbaumaßnahmen nach dem Zweiten Weltkrieg teilweise wieder rückgängig gemacht, wobei man die gotischen Gewölbe von Langhaus und Vierung durch die heutige flachbogige Kassettendecke im Mittelschiff und die flachen Holzdecken in den Querarmen ersetzte. Auch die Marienkapelle wurde wiederhergestellt, wobei die beiden östliche Joche als Sakristei abgetrennt wurden.

Das Mittelschiff ist dreigeschossig angelegt; das Untergeschoss öffnet sich in großen Rundbogenarkaden über Vierkantpfeilern zu den beiden Seitenschiffen. Die darüberliegenden Emporenöffnungen übernehmen im Maßstab 1:1 die Bogenstellungen der Sockelzone, um nach oben mit einem Rundbogenfenster abzuschließen, das von einem dreiteiligen Blendbogenfries überfangen wird. Einzigartig sind die in der Mitte der Drillingsarkaden aufgestellten *Reliquiendoppelbüsten* (7), die für die Betrachtung von

links: Blick in den gotischen Langchor

rechts: Clematiustafel, römische Inschrifttafel an der Chorsüdwand, um 400

Barocke Haube mit „Ursulakrone" (erneuert)

Romanischer Westturm mit barocker Turmhaube

zwei Seiten – vom Mittelschiff und von den Emporen – konzipiert wurden. Bei fünf (der insgesamt sechs) um 1500 entstandenen bunt bemalten Holzskulpturen handelt es sich um Jungfrauenbüsten, während die sechste eine männliche Figur darstellt, die anhand der päpstlichen Tiara als der hl. Cyriakus der Ursulalegende zu identifizieren ist.

Unterschiedlicher Gestalt sind die seitlichen Abschlüsse des Langhauses. Während der Norden lediglich ein Seitenschiff aufweist, dessen Außenwand durch die Siebenpassfenster des 13. Jahrhunderts gegliedert wird, sind es im Süden zwei Seitenschiffe: das eigentliche romanische Südschiff und das fünfjochige gotische Marienschiff, an das im Osten die heute abgetrennte zweiachsige Sakristei anschließt. An der Nordwand des Marienschiffs steht auf einer in durchbrochenem Ast- und Maßwerk gearbeiteten Standfläche die überlebensgroße Steinfigur der bekrönten *Schutzmantelursula* (10), die vermutlich in den 70er-Jahren des 15. Jahrhunderts entstanden ist. Dieser schließen sich nach Westen die beiden spätgotischen Standfiguren des *Christus Salvator* und von *Maria* (11, 12) an, neben der sich noch ein Fragment einer im 19. Jahrhundert freigelegten Darstellung von *Christus in der Kelter* (13) erhalten hat. Die Südwand des Marienschiffs schmückt eine Folge von neuromanischen Mosaiken (14); dargestellt sind auf goldenem Grund von West nach Ost: Maria, Salomon, David, Isaias, Jeremias und Ezechiel.

Ein im Barock entstandenes Grabmal der Kirchen- und Stadtpatronin (6) ist im nördlichen Querhaus aufgestellt – an der Stelle, an der das legendäre Grab aufgefunden wurde. Die Platte des 1659 von Johann von Crane und seiner Gattin gestifteten Grabmals besteht aus weißem Alabaster und ist als vollplastisches Relief gearbeitet; dargestellt ist die im Schlaf liegende Heilige mit einer Taube zu ihren Füßen, die als Zeichen ihres Sieges die Palme des Martyriums in der Linken hält. Den Sockel des Grabmals bildet ein rechteckiger Unterbau aus schwarzem Marmor, der einen gotischen Trachytsarkophag aus der ersten Hälfte des 15. Jahrhunderts einfasst. Ein weiterer, vor allem in religionsgeschichtlicher Hinsicht inte-

Reliquiendoppelbüste in der nördlichen Emporenöffnung, um 1500

rechts: Spätromanisches Siebenpassfenster im nördlichen Seitenschiff

Blick vom Chor in Vierung und Langhaus, im Hintergrund die Westempore (ehem. Damenempore)

Blick in Langhaus, Vierung und Chor

ressanter Sarkophag, der zur ursprünglichen Ausstattung des frühen 12. Jahrhunderts gehörte, steht an der nördlichen Mittelschiffarkade unterhalb eines spätgotischen *Kreuztragungsreliefs* (9). Seine geringe Größe weist auf die Grablege eines Kindes hin, bei dem es sich laut Inschrift um die in zartem Alter verstorbene Tochter Viventia des merowingischen Hausmeiers Pippin d. Ä. handelt. Auch um diese Grabstelle rankt sich eine Legende: Gemäß des auf der Clematius-Ta-

links: Schutzmantelursula im Marienschiff, verm. 70er-Jahre 15. Jahrhundert

rechts: Sarkophag der Viventia, Anfang 12. Jahrhundert

fel formulierten Verbots, in der Kirche keinen Leichnam außer denen der heiligen Jungfrauen zu bestatten, setzte man den Leichnam Viventias dennoch im Boden bei. Zweimal wurde der Körper jedoch auf wundersame Weise wieder herausgeworfen – und schließlich umging man das Verbot dadurch, dass man den Sarkophag auf vier schmale Säulchen stellte (8).

Im Zentrum des von elf (!) großen Maßwerkfenstern erleuchteten Chores befindet sich der Hochaltar, der aus der Erbauungszeit im 13. Jahrhundert stammt (1). Er steht auf einer durch ein niedriges Steinretabel verbundenen modernen Tribüne, die, flankiert von zwei weiblichen Reliquienbüsten, die beiden Schreine der hl. Ursula und des hl. Ätherius trägt.

Grabmal der hl. Ursula, 1659

Während der heutige Ursulaschrein (2) eine Rekonstruktion des 19. Jahrhunderts ist, konnte sich der Ätheriusschrein (3) in seiner originalen Gestalt aus dem Jahre 1170 erhalten. Die Gebeine des hl. Ätherius, den man als Bräutigam der Stiftsheiligen verehrte, wurden im Jahre 1156 auf dem sog. Ager Ursulanus (Ursulaacker) gefunden. Über den unteren Chorbereich verteilt, finden sich die 24 unterschiedlich großen Holztafeln des Ursulazyklus, auf denen 31 Szenen der Heiligenlegende dargestellt sind (4). Dieser im Jahre 1456 geschaffene Bilderzyklus, der sich seine literarische Vorlage aus den unterschiedlichen Legendenfassungen selbst erstellte und manche der Begebenheiten frei hinzufügte, gilt als der umfangreichste seiner Art. Unter jeder Szene steht ein erklärender Text in Reimform, wobei einzelne der Unterschriften im 18. Jahrhundert ergänzt wurden.

Am westlichen Ende des südlichen Seitenschiffs führt eine Tür in die *Goldene Kammer* (15), die, im 17. Jahrhundert errichtet, in der Tradition der mittelalterlichen „camera aurea“ (Schatzkammer) als

Hochaltar mit den Schreinen des hl. Ätherius, um 1170 (rechts) und der hl. Ursula, 19. Jahrhundert (links)

Stätte der Reliquienaufbewahrung und -verehrung diente und eine Vielzahl von Büsten, Schädeln, Gebeinen und goldenem Zierrat birgt. Darüber hinaus hatte ihre Errichtung auch durchaus weltliche Aspekte: Zum einen wollte sich das Stifterehepaar mit dem Bau sein eigenes Denkmal errichten, zum anderen kamen die Erlöse, die mit der Kammer im Rahmen der Pilger- und Wallfahrtsaktivitäten zusätzlich erwirtschaftet werden konnten, dem finanziellen Wohl der gesamten Gemeinde zugute. Die Goldene Kammer, in ihrer Art einzigartig im Verbund der großen Kölner Kirchen, mutet selbst wie ein überdimensionales Reliquiar – ein „begehbarer Reliquienschrein" – an. Sie besteht aus einem unteren und einem oberen Bereich. Im unteren sind in schön geschnitzten goldenen Wandschränken weibliche und männliche Reliquienbehältnisse vom 13. bis 17. Jahrhundert aufgestellt. Das hier versammelte Ensemble aus 122 goldenen und silbernen Büsten und Kopfreliquiaren legt eindrucksvolles Zeugnis eines im Hochmittelalter begründeten, mit der Person der hl. Ursula verbundenen Reliquienkults ab, in dessen Folge es in Köln zu einer nahezu massenhaften Produktion und Distribution dieser begehrten hölzernen Behältnisse kam. Im Gegensatz zum reichen Golddekor und den schönen, in ihrer Vielzahl beeindruckenden Frauengesichtern im unteren Raumteil, sind im oberen, von den Gewölben überfangenen Bereich Tausende, ja Abertausende von Gebeinen und Totenschädeln, nach Formen und Größe sortiert, zu Ornamentformen oder auch Buchstabenfolgen zusammengefügt – was der Goldenen Kammer im Volksmund auch die geläufige Bezeichnung einer „Schreckenskammer" einbrachte. Die Schätze der Goldenen Kammer sind deshalb noch so vollständig erhalten, weil sie am Ende des 18. Jahrhunderts vor den herannahenden französischen Truppen versteckt und nach der Besatzungszeit im Jahre 1804 an ihren ursprünglichen Ort wieder zurückgeführt wurden.

Den westlichen Abschluss des Kircheninneren bildet die große Westempore. Sie öffnet sich zum Mittelschiff mit einer Doppelarkade, die auf einer Mittelsäule mit reichem Palmettendekor auf-

Neuromanische Mosaiken auf der Südwand des Marienschiffs

Goldene Kammer, 1643

sitzt. Im Jahre 1974 wurde im Nordflügel der Empore, in dem im Mittelalter die Stiftsdamen ihren Sitz hatten, eine Schatzkammer (16) eingerichtet, in der ausgewählte Ausstattungsstücke von St. Ursula zu sehen sind. Zum ursprünglichen Baubestand des Jahres 1135 gehören die beiden steinernen Chorbänke mit Dorsalien, die der Äbtissin sowie fünf weiteren Stiftsdamen, die führende Ämter innerhalb des Klosters bekleideten, vorbehalten waren. Weiterhin sind zu sehen: zwei kostbare Seidengewänder, die in der ersten Hälfte des 9. Jahrhunderts in Byzanz oder Syrien angefertigt worden sind, sowie – als eines der Prunkstücke – ein aus Bergkristall geformtes Reliquiar in Form eines fatimidischen Löwen; dieser wurde im 10./11. Jahrhundert in Ägypten angefertigt und im 13. Jahrhundert in einer Kölner Werkstatt mit einem vergoldeten sechseckigen Turmaufsatz zur Aufnahme weiterer Reliquien ausgestattet. Fernerhin birgt die Schatzkammer zehn der ursprünglich zwölf Schiefertafeln eines Apostelzyklus aus der Mitte des 13. Jahrhunderts, die vermutlich in der Nähe des Altars angebracht bzw. Bestandteil der ehemaligen Chorschranken waren.

Knochen und Reliquienbüsten in der Goldenen Kammer

Kirchen der Stadtteile und Vororte

Deutz | Alt St. Heribert
Dünnwald | St. Nikolaus
Esch | St. Martinus
Heumar | St. Cornelius
Lindenthal | Alt St. Stephan (Krieler Dömchen)
Lövenich | St. Severin
Merkenich | St. Brictius
Niehl | Alt St. Katharina (Niehler Dömchen)
Porz-Niederzündorf | St. Michael
Porz-Oberzündorf | St. Martin
Porz-Westhoven | Nikolauskapelle
Rheinkassel | St. Amandus
Rodenkirchen | Alt St. Maternus

Alt St. Heribert in Deutz

Die heutige Kirche steht an der Stelle, an der im Jahre 1020 der Kölner Erzbischof Heribert (970–1020) eine große romanische Abteikirche weihte. Diese bildete das Zentrum eines Benediktinerklosters, das er kurz nach der Jahrtausendwende auf dem Terrain des ehemaligen römischen Kastells Divitia (=Deutz) gegründet hatte. Das frühmittelalterliche Gotteshaus besaß als markantestes Bauteil ein im Osten rund abschließendes Oktogon (wie auf dem großen Holzschnitt von Anton Woensam von 1531 gut zu sehen ist), das nach dem Vorbild italienischer Bauten, aber auch in Anlehnung an die Pfalzkapelle Karls des Großen in Aachen errichtet worden war. Hier sollte Heribert ein Jahr nach der Weihe seine letzte Grabstätte finden. Von diesem, wie auch von den restlichen Gebäudeteilen, hat sich so gut wie nichts erhalten: Im 14. und 16. Jahrhundert mehrfach zerstört und wieder aufgebaut, wurde die ehemalige romanische Anlage zwischen 1659 und 1663 durch eine Pfeilerbasilika mit zwei Chorflankentürmen ersetzt und im Stil des Barock modifiziert und neu ausgestaltet. Lediglich

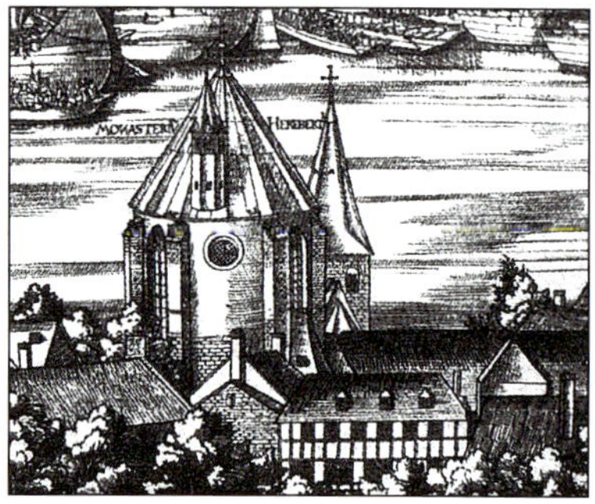

St. Heribert in Anton Woensams Stadtansicht von 1531

Ansicht von Südwesten

der unregelmäßige Grundriss des südlichen Seitenschiffs, der über den Fundamenten des ehemaligen Oktogons errichtet wurde, mag eine vage Vorstellung von der Gestalt der mittelalterlichen Anlage vermitteln.

Von den schweren Zerstörungen des Zweiten Weltkriegs blieben lediglich das Erdgeschoss, Teile der romanischen Krypta und der darüber liegenden Grabstätte des hl. Heribert verschont; beim Wieder-

Ansicht von Westen

St. Nikolaus in Dünnwald

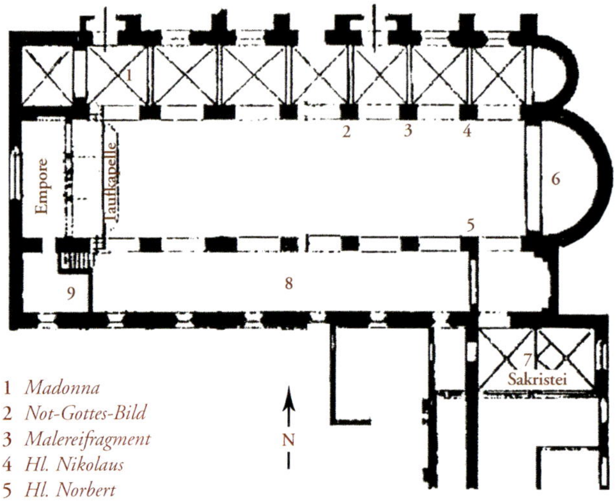

1 *Madonna*
2 *Not-Gottes-Bild*
3 *Malereifragment*
4 *Hl. Nikolaus*
5 *Hl. Norbert*
6 *Altar*
7 *Gotische Wandmalereien (Sakristei)*
8 *Madonna*
9 *Malereifragment*

Die heutige Pfarr- und ehemalige Klosterkirche St. Nikolaus ist der größte der mittelalterlichen Sakralbauten im rechtsrheinischen Köln. Das etwas außerhalb des Vororts Dünnwald gelegene Bauwerk geht vermutlich auf ein im Jahre 1117/18 gegründetes Augustiner-Chorherrenstift zurück, das kurz vor der Mitte des 12. Jahrhunderts mit Prämonstratenserinnen aus dem Kloster Steinfeld in der Eifel besetzt wurde. Anfangs ausschließlich der Muttergottes geweiht, wurde im Jahre 1229 auch der hl. Nikolaus erstmals als Mitpatron genannt. Das Nonnenkloster bestand bis zum Jahre 1803. Nach der Säkularisation ging das Kirchengebäude in den Besitz der Gemeinde über und erhielt den Status einer Pfarrkirche, während sich von den aufgegebenen Klostergebäuden lediglich der umgebaute Ostflügel erhalten konnte.

Der Gründungsbau des 12. Jahrhunderts hatte die Gestalt einer vierjochigen querschifflosen Basilika mit flachen Decken, die mit drei halbrunden Apsiden im Osten abschloss. Schon bald wurde das Schiff um drei Joche nach Westen verlängert und mit einer Nonnenempore

Ansicht von Norden; nördliches Seitenschiff und Westturm

Barockstatue des hl. Nikolaus an der Außenseite des nördlichen Seitenschiffs

und einem Turm ausgestattet; vermutlich war auch eine Doppelturmfassade als westlicher Abschluss vorgesehen, die jedoch in ihrem südlichen Teil niemals realisiert wurde. Der heute noch erhaltene, relativ niedrige Nordwestturm besteht aus fünf Geschossen, deren beiden obere durch gekuppelte Schallarkaden

Ansicht von Nordwesten

gegliedert werden. Auch der von einem Steinkreuz bekrönte westliche Giebel stammt – ebenso wie sein östliches Gegenstück – vom romanischen Gründungsbau. Die drei über dem nördlichen Seitenschiff anschließenden, den Gebäudecharakter maßgeblich prägenden Quergiebeldächer (mit einer Nikolaus-Skulptur im mittleren) sind Ergänzungen des 17. Jahrhunderts, ebenso wie die Welsche Haube mit der reich geschmiedeten Spitze über der nordöstlichen Apsis barocker Herkunft ist.

Während sich das im 14. Jahrhundert eingewölbte nördliche Seitenschiff, das mit sieben großen Spitzbogenfenstern und Strebepfeilern ausgestattet wurde, in seinen gotischen Formen bewahren konnte, gab man seinem südlichen Pendant im Jahre 1875 eine neue Gestalt. Hier orientierte man sich am romanischen Gründungsbau, von dem sich die vier rundbogigen Fenster im Obergaden erhalten haben. Im Rahmen umfangreicher Sanierungsmaßnahmen in den 1950er-Jahren mauerte man die drei großen Maßwerkfenster in der von einer Halbkuppel überfangenen Hauptapsis zu und errichtete die im 17. Jahrhundert niedergelegte Westempore aufs Neue. Gleichzeitig erhielt das Mittelschiff eine neue hölzerne Kassettendecke, wie auch der gesamte Innenraum und die äußere Nord- und Westseite weiß verputzt wurden.

Als Folge der jüngeren Restaurierungsmaßnahmen wirkt das Innere des mit seiner Gesamtlänge von 33,5 Metern und

Langhaus nach Westen; hinten Taufkapelle und Empore

einer Breite von 16,5 Metern relativ groß dimensionierten Sakralbaus hell und großzügig angelegt. Nach Westen schließt der lichte Raumkörper mit der erneuerten, vom großen Maßwerkfenster des Westgiebels beleuchteten Empore ab. Darunter befindet sich die etwas tiefergelegte kreuzgratgewölbte Taufkapelle, die sich zum Langhaus mit drei Rundbögen öffnet, die von zwei markanten Rundsäulen mit Würfelkapitellen aufgefangen werden. Zu beiden Seiten des Mittelschiffs tragen sieben fast quadratische Pfeiler die Arkadenbögen, die zu den Seitenschiffen hinführen. Sie sind im Süden rund ausgebildet und liegen deutlich niedriger als die Spitzbögen im Norden. Im Osten führt ein hoher Gurtbogen zum Altarraum über, den, da die drei Maßwerkfenster seit der Sanierung im Jahre 1953 zugemauert sind, kein direktes Tageslicht erhellt; der Verlauf der Fenster lässt sich am Außenbau hingegen noch gut erkennen. Der Altar ist – mit Ausnahme des darüberhängenden Barockkreuzes – ebenso wie der Osterleuchter, der Kreuzweg und der Taufstein im Westteil, jüngeren Datums.

Zu den älteren Ausstattungsstücken der Kirche wiederum gehören die beiden Skulpturen am ersten Pfeilerpaar vor dem Altarraum: am südlichen Pfeiler der hl. Norbert (5), der Gründer des Prämonstratenserordens, am nördlichen Pfeiler der hl. Nikolaus (4), der Namenspatron der Kirche, zu dessen Füßen ein Bottich mit zwei Kindern steht – die der Legende nach eingepökelt waren und vom Heiligen wieder ins Leben zurückgerufen wurden. Noch zwei weitere Holzskulpturen sind im Kircheninneren ausgestellt: eine stehende Muttergottes aus dem 16. Jahrhundert im südlichen Seitenschiff (8) sowie eine sitzende Madonna aus der Zeit um 1600 in der gewölbten Marienkapelle unter dem Nordturm (1). Auch von den gotischen Wandmalereien konnten sich einige bemerkenswerte Reste erhalten: darunter das sogenannte Not-Gottes-Bild am dritten nördlichen Pfeiler (2), ein relativ sel-

Blick nach Osten in den Altarraum

rechts: Hl. Norbert, um 1800 (am südlichen Pfeiler vor dem Altarraum)

links: Hl. Nikolaus, um 1800 (am nördlichen Pfeiler vor dem Altarraum)

Sog. Not-Gottes-Bild im Mittelschiff, 15. Jahrhundert

tener, hauptsächlich im 15. und 16. Jahrhundert gebräuchlicher Darstellungstypus, der Gottvater zusammen mit dem Leichnam seines Sohnes Jesus Christus zeigt.

Besonders sehenswert in St. Nikolaus sind die hervorragend erhaltenen gotischen Wandmalereien in der kreuzrippengewölbten Sakristei (7) im südöstlichen Teil der Kirche, die nach den Gewölbemalereien in St. Maria Lyskirchen (s. S. 135ff.) den zweitgrößten mittelalterlichen Freskenzyklus innerhalb der Kölner Kirchen darstellen. Nachdem die um 1500 entstandenen Wandbilder lange Zeit übertüncht waren, wurden sie im Jahre 1934 wiederentdeckt und in den 50er- und 70er-Jahren grundlegend restauriert, wobei man den figürlichen Darstellungen mehr von ihrer Ursprünglichkeit beließ als den rein ornamentalen Partien. Der Zyklus umfasst insgesamt fünf von Rundbögen umspannte Bildfelder sowie die Verkündigung an Maria zu beiden Seiten des spitzbogigen Fensters im Osten. Die Fresken sind in einer einfachen, volkstümlich anmutenden Bildsprache gehalten, deren Hauptinteresse weniger der individuellen Personendarstellung als der auf den Betrachter einwirkenden Ensemblegestaltung galt. Vier der Wandfelder zeigen die zwölf Apostel, die sich, meist in frontaler Haltung und von Tituli umfangen, dem Betrachter zuwenden. Zur Identifizierung sind den dargestellten Personen ihre Namenszüge beigegeben, ebenso wie die jeweiligen repräsentativen Attribute (etwa der Schlüssel für Petrus, das Buch für Paulus oder

Blick ins nördliche Seitenschiff

das Schrägkreuz für Andreas) zu ihrer Charakterisierung beitragen. Während in den Apostelbildern der architektonische Umraum verhältnismäßig schlicht gehalten ist – rot-weiß parkettierter Fußboden vor monochrom hellem Hintergrund –, fügt sich die fünfte Szene mit der Hl. Sippe in eine Landschaftsarchitektur, die in der Art eines Paradiesgärtleins gestaltet ist. Die fünf Bildszenen sind Bestandteil eines Malprogramms, das den gesamten oberen Sakristeiraum umfasst und sich über die in floralem Dekor gehaltenen Kreuzrippen und Gewölbekappen bis zu den fein skulptierten Schlusssteinen erstreckt.

rechts oben: Blick in die Sakristei mit gotischem Freskenzyklus

links oben: Hl. Sippe (Südöstliches Gewölbefeld)

Gewölbemalereien in der Sakristei; mittleres Bildfeld: Apostel Jacobus d. Ä., Johannes, Thomas, Jacobus d. J.; linkes Bildfeld: Apostel Petrus, Paulus, Andreas

St. Martinus in Esch

rechts unten: Barocke Toranlage mit spätgotischer Kreuzigungsgruppe (Kopie)

Romanischer Westturm

Der Weg zu der inmitten eines Friedhofs gelegenen Pfarrkirche St. Martinus führt von der Ortsmitte durch eine barocke Toranlage, deren oberer Teil eine (ungefasste) Kopie der Kreuzigungsgruppe im Kircheninneren schmückt. Die ältesten Bauteile des Gotteshauses stammen von einem Vorgängerbau des 11. Jahrhunderts, der die Gestalt eines kleinen Saalbaus hatte. Das Kirchlein wurde um 1200 erhöht und im Norden um ein Seitenschiff erweitert. Im 13. Jahrhundert folgten das südliche Seitenschiff und der direkt daran anschließende quadratische Glockenturm, der mit seinem neuzeitlichen Pyramidendach noch heute den kleinen Ort überragt. Dreieinhalbgeschossig gegliedert öffnet er sich nach Westen mit einem spitzbogigen Portal, über dem ein kräftig profiliertes Sohlbankgesims verläuft. Während das fensterlose mittlere Geschoss lediglich durch Lisenen und Blendbögen gegliedert wird, sind im Obergeschoss auf jeder Seite zwei gekuppelte Schallarkaden eingelassen, die mit einem mittig eingelassenen kleinen Rundbogenfenster im darüberliegenden Halbgeschoss abschließen.

In der Folgezeit kam es noch zu weiteren Veränderungen am Bauwerk, die im ausgehenden Mittelalter mit der Errichtung der Sakristei am Ende des nördlichen Seitenschiffs, dem Einbau der gotischen Maßwerkfenster zwischen den Strebepfeilern, der Einwölbung der Schif-

fe und der Konstruktion des Langhausdaches ihren vorläufigen Abschluss fanden. Kurz nach der Mitte des 19. Jahrhunderts erfolgte im Zuge des Historismus eine „Gotisierung“, die sich in erster Linie in der Innenausstattung der Kirche manifestierte. In der Folgezeit musste immer wieder saniert und renoviert werden, da die Feuchtigkeit dem Inventar stark zusetzte. Die letzte größere Restaurierungsmaßnahme erfolgte schließlich in den 1990er-Jahren, als deren Re-

Ansicht von Südosten

sultat sich das Kircheninnere heute als ein lichtdurchfluteter, freundlicher Raum präsentiert, in dem sich Ausstattungsstücke aus ganz unterschiedlichen Epochen zu einem abgestimmten Ensemble aus Gotik, Barock, Neugotik und Moderne zusammenfügen.

Man betritt das Gotteshaus durch das Turmuntergeschoss, das durch ein Gitter als Vorhalle abgetrennt ist. Das Langhaus gliedert sich in drei kreuzrippengewölbte Joche mit Obergaden, die sich durch starke Pfeiler mit spitzbogigen Arkaden in die niedrigeren Seitenschiffe öffnen. Nach Osten schließt hinter einem kräftigen runden Gurtbogen der einjochige, mit einem bemalten Kreuzrippengewölbe ausgestattete Chorraum an. Dessen Zentrum bildet die farbig gefasste spätgotische Kreuzigungsgruppe, wobei die Einzelfiguren auf modernen Konsolkonstruktionen stehen. Darunter befindet sich der filigran gearbeitete neugotische Hauptaltar, dessen Gesprenge verlorengegangen ist – es wurde, so wird berichtet, als Brennholz zweckentfremdet. Ebenfalls neogotischer Herkunft sind die Altäre der Seitenschiffe und die in großer Zahl erhaltenen Kirchenbänke.

Zu beiden Seiten des dreiseitigen Chorschlusses hängen barocke Reliquienbüsten der hll. Donatus und Martinus, während weitere barocke Heiligenfiguren – unter ihnen die hl. Katharina und der hl. Johannes von Nepomuk – über den gesamten Kirchenraum verteilt sind. Der jüngsten Renovierungsmaßnahme entstammen die gotisierenden Blumenmotive, die in den Gewölbefeldern zwischen den Kreuzrippen aufgemalt wurden. Relativ schlicht gehalten sind hingegen die von geometrischen Mustern durchsetzten Fensterscheiben innerhalb des gotischen Maßwerks. Am Westende des nördlichen

Langhaus und Chorraum von Westen

Seitenschiffs hängt ein mächtiges Missionskreuz, dessen Korpus in der unweit gelegenen modernen Pfarrkirche St. Mariä Namen aufbewahrt wird. Ein weiteres Exemplar dieses im 17., 18. und 19. Jahrhundert verbreiteten Kreuztypus, mit dem an die Volksmissionen früherer Jahrhunderte erinnert werden sollte, befindet sich an der Westfassade von St. Severin in Lövenich (s. auch S. 208).

Aufschlussreich im Hinblick auf die Baugeschichte der Kirche ist eine im Boden eingelassene Glasplatte direkt neben der nördlichen Chorpartie: Unter ihr liegt ein Boden aus unregelmäßig geformten Ziegelplatten, die, ursprünglich von einer römischen Landvilla an gleicher Stelle stammend, für den Fußboden des um 1200 errichteten zweischiffigen Kirchenbaus erneut benutzt wurden. Begrenzt wird er auf der rechten Seite durch ein Fundament aus Tuffsteinen und anderer wiederverwendeter Baumaterialien, darunter Teile eines gotischen Grabsteins mit inzwischen unleserlich gewordenen Schriftzeichen.

Barockskulptur des hl. Johannes von Nepomuk

Barockskulptur der hl. Katharina

Südliches Seitenschiff

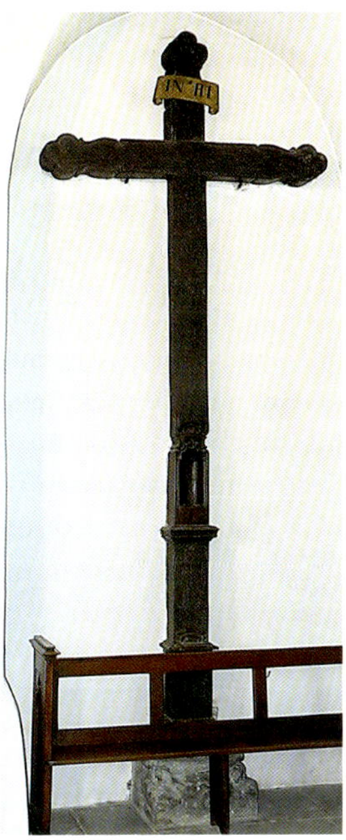

Missionskreuz, 18. Jahrhundert

St. Cornelius in Heumar

Romanischer Turm von Südwesten

Von der im 12. Jahrhundert auf einem Hügel errichteten romanischen Saalkirche, die dem römischen Märtyrer Cornelius geweiht war, hat sich – nachdem im Jahre 1826 das mittelalterliche Gotteshaus wegen Baufälligkeit abgerissen werden musste – nur noch der Turm erhalten. Der kleine romanische Gründungsbau maß 24 Meter in der Länge und 15 Meter in der Breite und schloss im Osten mit einem trapezförmigen Chor ab; die Nordwand verlief ca. zwei Meter nördlich des Turms. In nicht weiter Entfernung wurde in den Jahren 1833/34 ein klassizistischer Nachfolgebau in Gestalt einer flach gedeckten Backsteinsaalkirche mit eingezogener Apsis errichtet, dem in den 80er-Jahren des 19. Jahrhunderts ein westliches Querhaus und ein im neoromanischen Dekor gehaltener Westturm vorgesetzt wurden.

Der heute freistehende, in eine Kriegergedächtnisstätte integrierte romanische Turm hat drei Geschosse und misst bis zum Dachgesims 11 Meter. Das Pyramidendach ist jüngeren Datums, ebenso wie die Tuffsteinverkleidung aus den 60er-Jahren des 20. Jahrhunderts stammt. Neben dem Portalbogen im Westen, der aus sechs Trachytquadern gemauert ist, weist das Untergeschoss zwei kleinere rundbogige Fensteröffnungen im Süden und Norden auf und ist ansonsten ungegliedert. Die beiden direkt ineinander übergehenden Obergeschosse sind allseitig durch Ecklisenen mit einem unterhalb des Dachfirstes verlaufenden Rundbogenfries verbunden. Während im unteren Teil schmale, hochrechteckige Lichtöffnungen in das Mauerwerk eingelassen sind, öffnet sich das obere, ehemalige Glockengeschoss durch vier Doppelfenster mit einer eingestellten Basaltsäule, die von einem Würfelkapitell bekrönt wird.

Alt St. Stephan in Lindenthal
(Krieler Dömchen)

Die im Stadtteil Lindenthal gelegene Kirche Alt St. Stephan – auch Krieler Dömchen genannt – gehört neben St. Gereon, St. Maria im Kapitol und St. Severin zu den ältesten Sakralbauten Kölns. Als Pfarrkirche erstmals im Jahre 1224 bezeugt, war das dem Erzmärtyrer Stephan geweihte kleine Gotteshaus zuvor Eigenkirche des Gereonsstifts und lag auf dem Hofgut Crele (Kriel) weit außerhalb der mittelalterlichen Stadtmauer. Der Gründungsbau geht in das Jahr 800 zurück; er hatte die Gestalt einer Saalkirche aus Feldsteinen, Sandstein, Tuff, Grauwacke und römischen Ziegeln. Um die Gründung rankt sich eine Legende, nach der Karl der Große während eines Jagdausflugs bei Köln zum Gottesdienst in die kleine Kirche kam und dort auf einen Armeleutepriester namens Hildebold traf. Als dieser nach der Messe den Herrscher, der in der Kleidung eines einfachen Jägers erschienen war, anstatt um Geld um ein Stück Tierhaut zum Einbinden seines alten Messbuches bat, war Karl von der Bescheidenheit und Klugheit des Geistlichen so beeindruckt, dass er ihn wenige Jahre später auf den Kölner Bischofsstuhl erhob. Soweit die Legende. Historisch belegt ist hingegen, dass Karl der Große seinen Pfalzkaplan Hildebold, mit dem er eng befreundet war, im Zuge der Neuordnung der Kirchenprovinzen im Jahre 795 zum ersten Erzbischof von Köln ernannte.

Vom karolingischen Gründungsbau der Stephanskirche haben sich noch drei frühchristliche Memoriensteine (Gedächtnistafeln für Verstorbene) erhalten, von denen einer als Scheitelstein über dem Westportal angebracht ist, während die beiden anderen in der südlichen Seitenwand des Langhauses, unmittelbar neben dem zugemauerten Südportal, eingelassen sind. Der Scheitelstein ist trapez-

Westturm, um 1100

rechte Seite: Apsis und Chorjoch von Osten

förmig zugeschnitten und mit einem Tatzenkreuz verziert, während auf den beiden querrechteckigen Steinen der Südwand ein Ankerkreuz bzw. ein schlichtes Fadenkreuz eingemeißelt sind.

Der kleine Saalbau der Karolingerzeit wurde im 10. und 11. Jahrhundert durch die Anfügung eines quadratischen Rechteckchors nach Osten erweitert. Anschließend erhöhte man das Mittelschiff und fügte rundbogige Fensteröffnungen in die Langhauswände sowie kleine Kreisfenster in die Chorzwickel im Inneren ein. Um 1100 kam es zur Errichtung des – heute nur noch zweigeschossigen – quadratischen Westturms mit Blendarkaden und schmalen Rechteckfenstern. Der leicht gedrungen wirkende Baukörper, der aus Tuffstein mit vereinzelten römischen Ziegeln gemauert ist, hatte ursprünglich ein drittes, für die Glocken vorgesehenes Geschoss, das im 18. Jahrhundert jedoch abgerissen wurde; das Pyramidendach ist jüngeren Datums. In einer nächsten Bauphase um die Mitte des 13. Jahrhunderts wurden Chor und Apsis erhöht und eingewölbt. Gleichzeitig entstand, da die Zahl der Gemeindemitglieder zwischenzeitlich stark zugenommen hatte, das nördliche Seitenschiff. Ein aus Stein gemauertes südliches Pendant hat es nie gegeben. An dessen Stelle trat eine ebenfalls im 13. Jahrhundert errichtete hölzerne Halle, von der heute noch die vier hakenförmig aus der Außenwand kragenden Kragsteine zeugen. Die Halle diente seit dem 15. Jahrhundert, als das Hofgericht Kriel von St. Gereon hierher verlegt worden war, vermutlich als sogenannte Gerichtslaube. Im 18. Jahrhundert wurde schließlich die Sakristei errichtet, für die man auch ältere Bauteile verwendete. Eine letzte größere Baumaßnahme datiert ins frühe 20. Jahrhundert, als das Mittelschiff die heute noch existierende Holzbalkendecke erhielt.

Der heutige Bau geht in weiten Teilen auf die Anlage des 13. Jahrhunderts

Ansicht von Südwesten

Drei eingemauerte frühchristliche Memoriensteine vom karolingischen Gründungsbau oberhalb des Westportals und seitlich des Südportals

zurück. Er hat die Gestalt einer zweischiffigen asymmetrischen Basilika mit eingezogenem Rechteckchor und halbrunder Apsis. Das kleine Gotteshaus zeichnet sich einerseits durch sein relativ einheitliches äußeres Erscheinungsbild – das unverputzte bräunliche Mauerwerk – aus und ist zum anderen auch Beleg für den für eine Landkirche charakteristischen Typus des allmählich gewachsenen „Gemengebaus“, in dem sich unterschiedliche Bauphasen und -materialien verbinden. So setzen sich Westturm, Langhaus, Chor und Apsis deutlich voneinander ab. Auch im Inneren fügen sich die einzelnen Bauteile zu einem harmonischen Raumganzen, das in seiner Wirkung durch den durchgehenden weißen Anstrich noch verstärkt wird. Man betritt die Kirche durch das rundbogige Westportal, das in einen kreuzgratgewölbten Vorraum führt; über diesem befindet sich die Empore mit der darüberliegenden Glockenstube, die über die hölzerne Außentreppe an der Nordseite zu erreichen ist. Empore und Vorraum öffnen sich jeweils mit einem breiten Halbrundbogen zum Langhaus, das im Süden direkt durch die Außenwand, im Norden hingegen durch zwei Rundbogenöffnungen zum nördlichen Seitenschiff begrenzt wird. Sowohl im südlichen als auch im nördlichen Obergaden sind in regelmäßigen Abständen rundbogige Fenster eingelassen, durch deren plane Scheiben ein mildes, gleichmäßiges Licht in den Innenraum fällt. Nach Osten folgt das kreuzgewölbte, mit Wulstrippen ausgestattete Chorjoch, das mit einem Rundfenster an der Südseite ausgestattet ist. Eine verhältnismäßig seltene architektonische Ausformung stellen die beiden kreisrunden Öffnungen dar, die im oberen Abschluss des Chorbogens eingelassen sind. Die daran anschließende Apsis wölbt sich in einer halben Kalotte, die durch drei kleine, mit modernen Glasmalereien ausgestattete Rundbogenfenster beleuchtet wird.

Zu den Ausstattungsstücken der Kirche gehören mehrere Statuen, die im Mittel- und im Nordschiff aufgestellt sind: ein hl. Michael, vermutlich aus dem 15. Jahrhundert stammend, eine Muttergot-

Blick in Langhaus und Chor; rechts die Barockskulptur der hl. Katharina, links die (teilweise vom Rundbogen verdeckt) Anna selbdritt-Gruppe, um 1480

tes mit Kind aus dem 18. Jahrhundert sowie eine ebenfalls barocke hl. Katharina, die an ihren repräsentativen Attributen des Schwertes und des Rades zu erkennen ist. Bemerkenswert ist an der Ostwand des nördlichen Seitenschiffs die um 1480 gefertigte Anna selbdritt-Gruppe mit der Muttergottes, der hl. Anna und dem Jesuskind. Bei dieser handelt es sich um einen Bildtypus, der vor allem in der spätmittelalterlichen Kunst an Rhein und Maas sehr beliebt war. Das älteste Ausstattungsstück der Kirche steht jedoch im Vorraum: ein Taufstein aus Basaltlava aus der zweiten Hälfte des 12. Jahrhunderts. Er besteht aus einem konisch geformten Becken, das auf einer Säulentrommel aufsitzt und auf seiner Vorderseite in der Art eines Hufeisenbogenfrieses mit kreisrunden Medaillons verziert ist. Der Stein gehört jedoch nicht zum ursprünglichen Inventar von Alt St. Stephan, sondern wurde erst im frühen 17. Jahrhundert durch das Stift St. Gereon von der ehemaligen Pfarrkirche St. Maria Ablass für das Krieler Dömchen erworben.

Der Pfarrgottesdienst in Alt St. Stephan wurde im Jahre 1887 eingestellt, kurz nachdem man in der unmittelbaren Nähe die neue Stephanskirche errichtet hatte. Heute wird das Krieler Dömchen, das eine Nebenkirche der benachbarten Albertus-Magnus-Kirche ist, vorwiegend für Taufen und Hochzeiten genutzt.

Romanischer Taufstein, 2. Hälfte 12. Jahrhundert

Hl. Katharina, 2. Hälfte 17. Jahrhundert

Anna selbdritt-Gruppe, um 1480

St. Severin in Lövenich

1 *Kruzifix*
2 *Gotisches Sakramentshaus*
3 *Romanisches Taufbecken*
4 *Madonna*
5 *Kreuzigungsgruppe*
6 *Hl. Josef*
7 *Madonna*
8 *Missionskreuz (außen)*

Der im Westen der Stadt gelegene Ortsteil Lövenich wird erstmals in einer (allerdings nicht unumstrittenen) Urkunde aus dem Jahre 1028 erwähnt. Bei dieser handelt es sich um eine Schenkungsurkunde des Pfalzgrafen Ezzo an die Abtei Brauweiler, in der auch die Pfarrkirche St. Severin erwähnt wird. Über das Aussehen der vermuteten frühromanischen Gründungskirche ist nichts mehr bekannt, während das heutige Gotteshaus in seiner Kernsubstanz auf einen Nachfolgebau des 12. Jahrhunderts zurückgeht. Das romanische Bauwerk hatte die Gestalt einer dreischiffigen, flachgedeckten, aus Tuffstein gemauerten

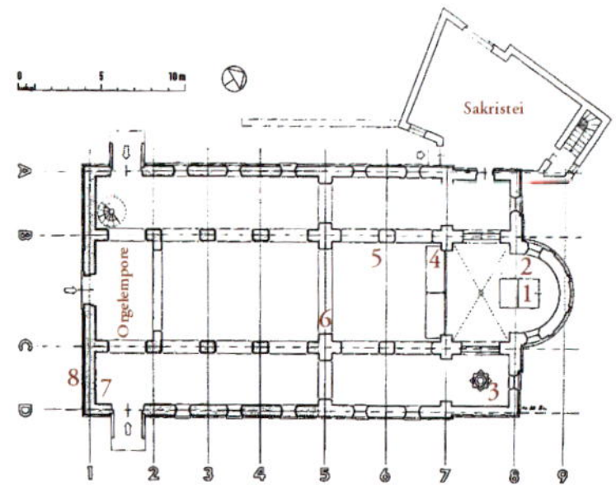

Pfeilerbasilika mit einem etwas niedrigeren gewölbten Chor, der mit einer Hauptapsis und zwei Nebenapsiden abschloss. Im Westen führte ein Portal ins Innere, ein gotisches Maßwerkfenster schmückte die

Ansicht von Nordwesten

Süd-, ein großes Rosenfenster die Nordseite. Erhalten haben sich von diesem Gründungsbau, nachdem ein Brand im Jahre 1765 dem mittelalterlichen Gotteshaus schwere Schäden zugefügt hat, neben der Westpartie nur noch einzelne Bereiche des ehemaligen Chorjochs und des Langhauses – war es doch im Zuge einer aufwändigen und teilweise sehr freien Erweiterungs- und Instandsetzungsmaßnahme in der Mitte des 19. Jahrhunderts zu einem nachhaltigen Eingriff in die historische Bausubstanz gekommen. Unter Leitung des Kölner Landbaumeisters Ferdinand Cremers wurden die romanischen Apsiden damals abgerissen, zugleich erhielt das ehemals gewölbte Chorjoch einen offenen Dachstuhl und übernahm die Funktion eines zusätzlichen Langhausjoches. An dieses wurde ein mit historistischen Malereien ausgeschmückter neuromanischer Chor mit Chorjoch angebaut; auch das gotische Wandtabernakel musste seinen Standort wechseln. Im Zuge zweier weiterer Sanierungsmaßnahmen nach den Zerstörungen des Zweiten Weltkriegs ersetzte man die alte Kassettendecke durch Eichenbalken, wobei man die Trennung von Kirchenschiff und (ehemaligem) Chorhaus durch die unterschiedlichen Deckenausführungen – eine einfache Flachdecke im Westteil, ein offener, von unten einsehbarer Dachstuhl im Osten – beibehielt. Gleichzeitig wurden die Kanzel und andere Ausstattungsstücke entfernt sowie alle historistischen Wandmalereien des 19. Jahrhunderts (mit Ausnahme dreier Bilder an den Chorwänden) übertüncht.

Blick in Langhaus und Chor

Romanischer Taufstein, 12./13. Jahrhundert

In seinem Äußeren präsentiert sich St. Severin heute als ein relativ kompakt wirkender Baukörper, der sich über acht Joche von West nach Ost erstreckt. Den oberen Abschluss bildet der neuzeitliche Turmaufsatz mit seinem gotisierenden Knickhelm, der, im Westen durch vier schmale Rundbogenfenster gegliedert, gleichzeitig den oberen Abschluss der dreigeteilten Westfassade bildet. Während in das mittlere Geschoss lediglich zwei kleine kreisrunde Wandöffnungen eingelassen sind, öffnet sich die Sockelzone mit einem großen rechteckigen Eingangsportal, neben dem auf der rechten Seite ein überdachtes Missionskreuz aus dem Jahre 1779 angebracht ist.

Kreuzigungsgruppe, 17.–19. Jahrhundert

Im Inneren konnte sich der romanische Baugedanke trotz der zahlreichen Umbauten in weiten Partien erhalten. Der über acht Achsen angelegte Raum wirkt relativ einheitlich und klar gegliedert, was nicht zuletzt auf den während der jüngsten Sanierung ausgeführten einheitlich weißen Anstrich zurückzuführen ist, der lediglich durch die schlichte Ornamentik in den Gurtbögen und Arkaden aufgelockert wird. Jüngeren Datums sind gleichfalls die gemalte Quaderung oberhalb des Bodensockels sowie das mittelalterlichen Vorbildern entlehnte Vorhangmotiv in der neuromanischen, mit zwei rundbogigen Fenstern ausgestatteten Apsis, deren Kalotte mit einer Weltenherrscher-Darstellung ausgemalt ist. Die untere Zone der Apsis-Nordwand schmückt das im 19. Jahrhundert hierher versetzte gotische Sakramentshäuschen mit Spitzbogen und Dreipassornament, das zu den wertvollsten Ausstattungsstücken von St. Severin zählt (2). Das hochrechteckige Mittelschiff gliedert sich in zwei Geschosse: in das niedrigere Untergeschoss, das sich in regelmäßigen Arkadenstellungen zu den Seitenschiffen öffnet, und die Obergadenzone, die von großen Rundbogenfenstern beleuchtet wird. Den westlichen Abschluss bildet die Orgelempore, unter der sich der Vorraum befindet.

Missionskreuz an der Westfassade, 1779

Das älteste Ausstattungsstück von St. Severin ist ein im 12./13. Jahrhundert aus Namurer Blaustein gefertigter und in Teilen restaurierter romanischer Taufstein (3). Er besteht aus einem halbkugelig gehöhlten Beckenkorpus, der sich nach unten verjüngt und auf einer walzenförmigen, von vier freistehenden Ecksäulchen flankierten Mittelsäule aufliegt. Im Scheitelpunkt der Säulen sind am oberen Beckenrand zwischen jeweils drei vertieften Scheiben vier menschliche Köpfe eingelassen, deren maskenartigen, ausdruckslosen Blicken eine stark apotropäische Funktion zukommt – d. h., mit ihren finsteren Mienen sollten sie das Taufwasser vor den Mächten des Bösen schützen. Der Taufstein, in dessen Aushöhlung ein neuzeitlicher Messingrahmen eingelassen ist, wurde erst im Jahre 1980 in der neu geschaffenen Taufkapelle am östlichen Ende des südlichen Seitenschiffs aufgestellt. Barocken Ursprungs ist die zum ursprünglichen Inventar gehörende Kreuzigungsgruppe an der nördlichen Langhauswand (5). Während die beiden Assistenzfiguren der Muttergottes und des Johannes aus dem ausgehenden 17. bzw. beginnenden 18. Jahrhundert stammen, sind der Korpus und die Balken des Kruzifixes eher ins 19. Jahrhundert zu datieren. Aus dem 18. Jahrhundert stammt die spätbarocke, mit einer neuen Farbfassung versehene Madonna am nordwestlichen Chorpfeiler, die eine Neuanschaffung aus den 1960er-Jahren ist (4). Wohl ins 19. Jahrhundert zu datieren sind zwei Terrakotta-Skulpturen, die sich in ihrer Stilistik unverkennbar an barocke Vorbilder anlehnen: eine Madonnenfigur an der Westwand des südlichen Seitenschiffs sowie eine Statue des hl. Josef mit Lilie und Jesusknaben an der südlichen Langhauswand (6, 7). Zum Missionskreuz an der Westfassade (8) gehörte ursprünglich der Korpus des Gekreuzigten auf dem modernen Altarkreuz (1); dieser wurde aus konservatorischen Gründen ins Innere der Kirche verbracht.

St. Brictius in Merkenich

Erstmals im Jahre 1241 wird das nördlich von Köln gelegene Dorf Merkenich in einer Urkunde erwähnt; hier entstand zu Beginn des 13. Jahrhunderts ein kleines Gotteshaus, das dem Stift St. Kunibert zugeordnet war. Konsekriert wurde die Kirche dem hl. Brictius, dem Nachfolger des hl. Martin auf dem Bischofssitz von Tours (397–444). Vom romanischen Gründungsbau konnte sich einzig der Glockenturm in seiner Kernsubstanz bis auf den heutigen Tag erhalten. An die Stelle der romanischen Kirche trat im Jahre 1886 ein Neubau im neoromanischen Stil, der nach dem Zweiten Weltkrieg dem zwischen 1961 und 1963 errichteten modernen Kirchenbau des Architekten Karl Band weichen musste. Seitdem ist der Turm, der das Geläut der neuen Pfarrkirche trägt, in der Art eines Campanile freistehend. Während das in zwei Zonen unterteilte Erdgeschoss, in dem eine kleine Kapelle untergebracht ist, und das erste Obergeschoss noch vom romanischen Gründungsbau stammen, wurden das zweite Obergeschoss und der Knickhelm, der an den Westturm von St. Kunibert erinnert, im Zuge der neuromanischen Umbaumaßnahmen des 19. Jahrhunderts ergänzt.

Insgesamt zeichnet sich der mit einem ansprechenden zweifarbigen Anstrich versehene Baukörper durch ein relativ einheitliches Äußeres aus. Die markant ausgebildeten Eck- und Mittellisenen fügen sich zu einem Vertikalraster, das durch allseitig umlaufende Schräggesimse horizontal untergliedert wird. Während das Erdgeschoss relativ geschlossen wirkt und nur wenige Maueröffnungen aufweist, öffnet sich das erste Obergeschoss mit paarweise gekuppelten Schallarkaden; diesem korrespondieren im später aufgesetzten zweiten Obergeschoss einfache, paarweise gesetzte Rundbogenöffnungen. Alle drei Geschosse schließen mit einem einheitlichen Blendbogenfries ab.

Romanischer Glockenturm und Neubau von 1963

Schallarkarden im ersten Obergeschoss

Kapelle zu Ehren der Schmerzensreichen Gottesmutter im Turmuntergeschoss

Alt St. Katharina in Niehl

(Niehler Dömchen)

Hl. Johannes von Nepomuk an der östlichen Außenmauer des Kirchhofs, 1747

Alt St. Katharina im nördlichen Kölner Stadtteil Niehl – bei den Einheimischen auch „Niehler Dömchen" genannt – gehörte im Mittelalter zum Besitz des Kunibertsstifts und war lange Zeit das einzige Gotteshaus in der im Norden an die Domstadt unmittelbar angrenzenden Rheinregion. Die Errichtung der kleinen romanischen Kirche in Gestalt einer dreischiffigen Basilika mit Westturm darf für das 12. Jahrhundert vermutet werden. Eine erste urkundliche Erwähnung stammt aus dem Jahr 1236; ein Vierteljahrhundert später, 1260, wurde das Gotteshaus der hl. Katharina geweiht. Um die Mitte des 13. Jahrhunderts erfolgte eine Erneuerung des Chors im Stil der Gotik, während gleichzeitig – aus heute nicht mehr rekonstruierbaren Gründen – das südliche Seitenschiff abgerissen wurde; um 1400 schließlich beschloss man die Einwölbung des Mittelschiffs. Das nördliche Seitenschiff hingegen ist eine Rekonstruktion des späten 19. Jahrhunderts über den alten Fundamenten, die im Zuge einer Erweiterungsmaßnahme erfolgte – war das Kirchlein doch inzwischen viel zu klein für die ständig gewachsene Zahl der Gläubigen geworden. Auch dieser Anbau sollte sich als nicht ausreichend erweisen, sodass man im Jahre 1892 etwas weiter südlich eine neue Pfarrkirche – Neu St. Katharina – errichtete.

Als einziges originäres Zeugnis des romanischen Gründungsbaus konnte sich der quadratische Westturm erhalten, der relativ gedrungen wirkt. Er gliedert sich in drei Geschosse, deren mittleres mit Lisenen, Rundbogenfenstern und Schlitzfenstern am reichhaltigsten gestaltet ist, während sich das von einem Pyramidendach überfangene Obergeschoss lediglich

rechte Seite: Romanischer Westturm

Ansicht von Südosten

mit paarweise angeordneten Schallarkaden öffnet. Nach Osten schließt das kurze Mittelschiff mit spitzbogigen Fenstern an, das, in Ermangelung des südlichen Seitenschiffs, auf einer direkten Fluchtlinie in den gotischen Chor übergeht; dieser ist mit seinen massiven Strebepfeilern und seinen sechs Maßwerkfenstern für eine dörfliche Kleinkirche relativ aufwändig ausgestaltet. Im Norden des Chors liegt die im Spätmittelalter angebaute Sakristei, an die nach Westen das mit Rundbogenfenstern, Lisenen und Rundbogenfriesen ausgestattete neuromanische Nordschiff anschließt.

Das Innere gliedert sich in drei aneinandergereihte Raumsegmente: die kleine Vorhalle mit einem Missionskreuz auf der rechten Seite, das niedrige flachgedeckte Nordschiff sowie das nachträglich eingewölbte Mittelschiff mit dem polygonalen Chorabschluss; zwei Blendbögen in der Südwand weisen noch auf das einstige Seitenschiff hin. Die Räume sind einheitlich weiß getüncht, sodass von den einstigen gotischen Rankenmalereien in den Gewölbekappen nichts mehr zu sehen ist. Vom gotischen Umbau stammt noch die hinter dem Altar in die Wand eingelassene Piscina, ein Ausgussbecken für das während der Liturgie benutze Wasser. An der südlichen Chorwand befindet sich eine schön gestaltete Maßwerknische, neben der eine gekrönte Madonna aus dem frühen 16. Jahrhundert steht. Von den zahlreichen Ausstattungsstücken, die einst die Kirche schmückten, sind nur noch wenige vor Ort zu besichtigen, da die meisten in die neu errichtete Pfarrkirche übertragen worden sind. Vor Ort verblieben sind die blau gefasste Kanzel mit Schalldeckel von 1622 und einer Darstellung der hl. Katharina sowie zwei hölzerne Barockskulpturen (die hll. Wendelinus und Gereon) – während die ursprünglich an der Ostwand des Seitenschiffs angebrachte holzgeschnitzte Abendmahlsgruppe aus dem späten 15. bzw. frühen 16. Jahrhundert, die vermutlich aus einer Predella stamm-

Barockskulpturen des hl. Wendelinus mit Hirtenstab und Wandertasche (links) und des hl. Gereon in Ritterrüstung und mit Kreuzfahne (rechts)

Blick in den Chor

te, heute in Neu St. Katharina zu besichtigen ist.

Das kleine Gotteshaus liegt inmitten eines leicht erhöhten, mit alten Bäumen bestandenen Kirchhofs, auf dessen östlicher Außenmauer eine barocke Skulptur des hl. Johannes von Nepomuk steht. In ein Priestergewand gekleidet und mit einem Kreuz und einem Palmwedel in der Hand, sollte – so der Glaube im 18. Jahrhundert – der Patron der Schiffer und Flößer Kirche und Dorf vor den Hochwasserfluten des Rheins schützen.

Gotische Piscina im Chorabschluss

St. Michael in Porz-Niederzündorf

Vermutlich in das Jahr 1040 datiert ein erster in Tuffstein errichteter Vorgängerbau von St. Michael in Niederzündorf, der die Gestalt eine Saalkirche mit eingezogener Apsis hatte. Später wurde im Norden ein Seitenschiff angebaut, das dem ortsansässigen Adelsgeschlecht der Herren von Zudendorp als Grablege dienen sollte. 1170 erhielt die Kirche den bis heute erhaltenen reich gegliederten und harmonisch proportionierten Westturm mit Rhombenhelm sowie einen neuen dreiseitig geschlossenen Chor.

Der zweifarbige, im Zuge der jüngsten Renovierung von 1993/94 in Weiß und Rosa verputzte Turm erhebt sich in zwei mächtigen Geschossen: in das an den Ecken verstärkte Untergeschoss mit seinen drei von einem hohen Blendbogen überfangenen Wandflächen sowie das niedrigere Obergeschoss mit Ecklisenen und Blendbogenfries, in das allseitig eine gekuppelte Schallarkade eingelassen ist. Ihren Abschluss finden die vier Turmseiten in einem Dreiecksgiebel, der durch vier kleinere Wandöffnungen – ein Zwillingsfenster mit zwei flankierenden Rundfensterchen und einem darüber gesetzten kleinen Rundbogenfenster – gegliedert wird.

Erst gegen Ende des 17. Jahrhunderts fanden am Kirchenschiff weitere Umbaumaßnahmen statt, die mit einer erneuten Weihe des Chores abgeschlossen wurden. Wenige Jahrzehnte später erfolgte der An-

rechte Seite: Ansicht von Süden

links: Westturm

rechts: Wandgliederung im Turmobergeschoss

Langhaus und Altarraum

Merowingisches Weinrankenrelief, 7.–9. Jahrhundert

bau einer Kapelle im Süden und der Sakristei im Norden, gleichzeitig wurden die Fenster vergrößert und die Außenhaut der Kirche erneuert. Im frühen 20. Jahrhundert kam es zum Verkauf der Barockaussstattung, die im 19. Jahrhundert vom Kölner Cellitinnenkloster erworben worden war; in dessen Folge wurde im Jahre 1906 das nördliche Seitenschiff niedergerissen.

Heute präsentiert sich das Innere von St. Michael als ein flachgedeckter Saalbau, der im Osten mit einem dreiseitigen Chor mit zwei Rundbogenfenstern abschließt. Der Altarraum liegt mit dem Schiff auf gleichem Niveau, lediglich der schlichte Altar ist um eine Stufe erhöht. Zwei Tafelbilder aus der Schule Barthel Bruyns und zwei Grabsteine sowie ein Memorienstein des 17. Jahrhunderts schmücken die beiden abgewinkelten Wandflächen rechts und links der Ostwand. Während in die mit drei Rundbogenfenstern ausgestatte Südwand eine kapellenartige Nische eingelassen ist, schließt die Nordwand weitgehend plan ab; sie öffnet sich lediglich mit dem (neu geschaffenen) Vorraum nach außen. Die zugemauerten Arkaden markieren die Stelle, an der das Langhaus einst in die Grablege der Herren von Zündorf überführte. Den Westabschluss bildet das Sockelgeschoss des quadratischen Turms. Sein Inneres – ein kleiner gewölbter Raum mit einem Rundbogenfenster – steht mit dem Kirchenraum durch einen großen Rundbogen in Verbindung, während auf seiner vermauerten Nordseite eine schmale Treppe auf die Empore hinaufführt.

Anbetung der Könige und Kreuzigung; zwei Tafelbilder aus der Werkstatt Bartholomäus Bruyns d. J., zweite Hälfte 16. Jahrhundert

Von hohem kulturhistorischem Wert sind in der Nordwand – neben einer quadratischen Steinplatte mit den Marterwerkzeugen Jesu – zwei Ausstattungsstücke, die aus dem frühen Mittelalter stammen: ein romanischer Grabstein sowie ein ornamentales Relief, rechts und links des Eingangs. Die vermutlich im 11. oder 12. Jahrhundert entstandene Grabplatte, die aus Kalksinter einer römischen Wasserleitung angefertigt wurde, zeugt von einer adeligen, zum christlichen Glauben übergetretenen Dame namens „Adelmuot (laica)“, die – zeitgenössischen Quellen zufolge – im frühen 9. Jahrhundert gelebt hat; die Platte konnte aus dem niedergerissenen Nordschiff geborgen werden. Um ein äußerst seltenes Ausstattungsstück handelt es sich bei dem merowingischen Weinrankenrelief aus der Zeit zwischen dem 7. und 9. Jahrhundert, das früher neben dem Südportal in der Außenwand vermauert war und später als Spolie ins Innere verbracht wurde. Seine ursprüngliche Bestimmung liegt weitgehend im Dunkel: Es war entweder Bestandteil der Architektur oder gehörte zu einer Altarverkleidung bzw. einer Chorschranke.

Grabplatte, 11./12. Jahrhundert

St. Martin in Porz-Oberzündorf

Bereits im frühen 11. Jahrhundert wird in einer Schenkungsurkunde an Erzbischof Heribert eine erste, dem hl. Martin geweihte Kirche im nahe des Rheins gelegenen Ort Oberzündorf erwähnt, die in der zweiten Hälfte des 12. Jahrhunderts durch einen größeren Neubau ersetzt wird. Von diesem hat sich noch der Westturm erhalten, während das nach Osten anschließende Langhaus in Form eines Saalbaus mit dreiseitigem Chorschluss zwischen 1780 und 1785 errichtet wurde. Der Neubau war in der Folge zweier Großbrände (1630 und 1780), die einzig der romanische Turm weitgehend unbeschädigt überstanden hat, notwendig geworden. Nach den schweren Zerstörungen des Zweiten Weltkriegs lag das Bauwerk längere Zeit als Ruine darnieder, bis 1953 die ersten größeren Renovierungsarbeiten begannen, in deren Folge im Jahre 1972 eine Sakristei angebaut wurde. Das heutige Erscheinungsbild des kleinen Sakralbaus ist Resultat umfangreicher Sanierungsmaßnahmen, die um die Jahrtausendwende durchgeführt wurden.

Der in seinem Korpus weiß verputzte Turm baut sich in drei Geschossen auf. Im unteren befindet sich an der Westseite das rundbogige Eingangsportal, während sich die Wandflächen an der Süd- und Nordseite mit zwei mittelachsig angelegten Rundbogenfenstern öffnen. Das darüberliegende Zwischengeschoss ist weitgehend ungegliedert; lediglich eine schmale Lisene unterteilt an drei Seiten die Wandflächen in zwei gleich große Kompartimente, von denen jeweils eines mit einem schmalen Schlitzfenster aus-

Romanischer Westturm

Westportal

gestattet ist. Demgegenüber weist das Obergeschoss eine reichere Gliederung auf: Hier bilden paarweise gesetzte Zwillingsfenster mit eingestellten rechteckigen Säulchen den oberen Abschluss. Über diesen befindet sich ein Zickzackfries, der die vier Turmseiten direkt unterhalb des weit vorkragenden Dachgesimses umläuft. Den Abschluss bildet der neuzeitliche Knickhelm, der in Material und Ausstattung mit dem Dach des Langhauses korrespondiert.

Ansicht von Osten

Nikolauskapelle in Porz-Westhoven

Die in einen alten Friedhof eingebettete Nikolauskapelle in Porz-Westhoven ist der kleinste mittelalterliche Sakralbau Kölns. Das Kirchlein wurde um 1100 erbaut und im Jahre 1128 von der ihr vorstehenden Benediktinerabtei St. Heribert in Deutz mit dem Begräbnisrecht ausgestattet. Unmittelbar am Rhein gelegen, weihte man sie aus naheliegenden Gründen dem hl. Nikolaus – war dieser doch der Schutzpatron der Seeleute und Schiffer. Die Zugehörigkeit zur Deutzer Abtei bestand fast 800 Jahre, bis im Zuge der Säkularisation im Jahre 1802 sämtliche Klöster und Stifte in Köln aufgehoben wurden.

Obwohl an exponierter Stelle gelegen, hat das kleine Bauwerk in seiner Kernsubstanz die Zeitläufte relativ unbeschadet überdauert. Sein heutiges Aussehen verdankt der romanische Saalbau mit einer Grundfläche von ca. 8 x 13 Metern mehreren Renovierungsmaßnahmen in den 1960er- und 1990er-Jahren, als das aus Rheinkieseln, Tuff und Grauwacke bestehende Mauerwerk grundlegend saniert und weiß verputzt wurde.

Die Nikolauskapelle hat die Gestalt eines Saalbaus, der im Osten mit einem eingezogenen Chorquadrat abschließt. Das Mauerwerk ist kompakt und ungegliedert, lediglich einzelne rundbogige Fensteröffnungen lassen Licht ins Kircheninnere eindringen. Dreieckige Fachwerkgiebel schmücken die Abschlüsse im Westen und Osten, das Satteldach wird

Inneres nach Osten

Ansicht von Westen

von einem schiefergedeckten Dachreiter bekrönt. Im Inneren schließen Saal und Chor mit einer flachen Holzdecke ab, wobei die weiß getünchten Wände mit ihren gleichmäßig gesetzten Fensteröffnungen im Norden, Osten und Süden dem Raum ein einheitliches helles Licht verleihen. Ein auf zwei schmalen Kämpferplatten aufliegender Rundbogen, zu dessen Seiten zwei barocke Skulpturen mit der Muttergottes und dem hl. Nikolaus angebracht sind, öffnet den Blick in den Altarraum, in dem ein mit einer Weinranke geschmückter Altartisch aufgestellt ist.

St. Amandus in Rheinkassel

1 *Kreuzigungsgruppe*
2 *Kleeblattnische*
3 *Madonna*
4 *Kanzel*
5 *Hl. Michael*
6 *Hl. Barbara*
7 *Hl. Amandus*
8 *Hl. Hubertus*

Etwa elf Kilometer nördlich vom Zentrum liegt der dem Stadtbezirk Chorweiler zugehörige kleine Ort Rheinkassel (früher „rincasele), der mit der direkt an einen Rheindamm angrenzenden Pfarrkirche St. Amandus einen Sakralbau aufweisen kann, der für eine Kölner Landkirche von ungewöhnlicher Größe ist. Geweiht wurde das Gotteshaus dem in Deutschland wenig bekannten Heiligen Amandus von Maastricht – dieser hatte im 7. Jahrhundert im flandrischen Elno eine Benediktinerabtei gegründet und war anschließend zum Bischof von Tournai und danach zum Bischof von Maastricht berufen worden war. Die Abtei Elno verfügte über weitläufigen Grundbesitz am Niederrhein, zu dem auch der kleine Fischerort Rheinkassel im Norden Kölns gehörte. So lag es nahe, die hier vermutlich im 10. Jahrhundert gegründete Dorfkirche (die zwar urkundlich nicht belegt ist, jedoch anhand von Ausgrabungen für diese Zeit vermutet werden kann) dem Patrozinium des hl. Amandus zu unterstellen. Erste urkundliche Erwähnungen, die über einen lange währenden Streit um das Eigentumsrecht der begüterten Pfarrei zwischen dem Kölner Stift St. Gereon und der Prämonstratenserabtei Knechtsteden berichten, stammen aus dem Jahr 1156. 1220 fiel auf Intervention von Erzbischof Engelbert I. die kleine Kirche schließlich dem Kölner Kollegiatsstift St. Gereon zu, das bis zur Säkularisation im Jahre 1803 die Pfarrer stellte.

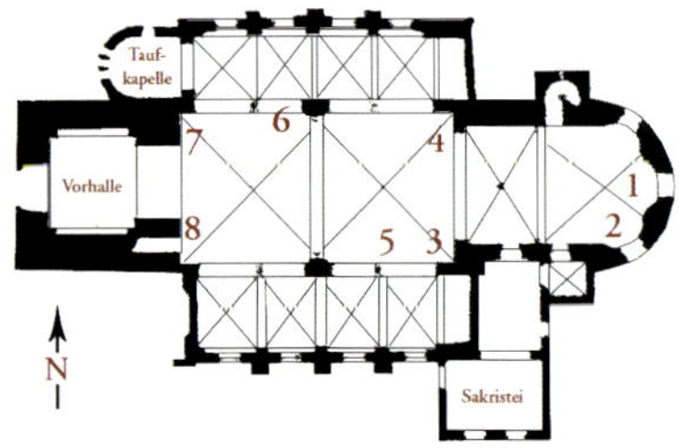

Anhand von Grabungsfunden lässt sich der ottonische Vorgängerbau des 11. Jahrhunderts als ein schlichter Saalbau rekonstruieren, der im darauffolgenden Jahrhundert um drei Meter erhöht und um den wehrhaft anmutenden, heute nur noch in zwei Geschossen erhaltenen Westturm erweitert wurde. Mit der Übertragung der Kirche an das Gereonsstift in der ersten Hälfte des 13. Jahrhunderts erfolgte eine weitere, noch umfangreichere Baumaßnahme, die eine beachtliche Vergrößerung des Gotteshauses zur Folge hatte: So wurde dem rechteckigen Bauwerk im Osten der innen und außen aufwändig gestaltete Chor mit den beiden Flankentürmen vorgesetzt, wie es auch zur Einwölbung der Mittelschiffdecke und zum Anbau der beiden kreuzgratgewölbten Seitenschiffe kam. (Diesen wurden in späterer Zeit noch die Taufkapelle im Nordwesten und die Sakristei im Südosten angefügt.) Insgesamt wandelte

rechte Seite: Ansicht von Osten

Modell der Rheinkasseler Kirche in der Hand des hl. Amandus rechts des Innenportals

Ansicht von Westen

Ostapsis

sich der ottonische Saalbau in eine dreischiffige spätromanische Gewölbebasilika ohne Querhaus, die – insbesondere aufgrund ihrer Chorfassade mit den charakteristischen Dekorformen – wie eine vereinfachte, verkleinerte Kopie der „Mutterkirche" von St. Gereon anmutet.

Mit dem Anstrich des Außenbaus in Weiß und Rosa konnte aufgrund von Farbresten die ursprüngliche Farbigkeit rekonstruiert werden, die ihren Reiz aus dem Kontrast zwischen dem hellen Grundputz und den hellrosa leuchtenden Rundbogenfriesen, Lisenen und Fensterumrahmungen bezieht. Diese Farbgebung umzieht das gesamte, aus drei Baukörpern bestehende Gebäude – be-

Südliches Seitenschiff; hier sind im Obergaden neben den großen Rundbogenfenstern noch die ursprünglichen Fensteröffnungen des ottonischen Vorgängerbaus markiert

ginnend im Osten mit der zweigeschossigen Chorapsis und ihren drei großen Rundbogenfenstern, die von den beiden, jeweils mit einem Zeltdach abschließenden Rechtecktürmen zu vier Geschossen flankiert wird. Nach Westen schließt das ebenfalls zweigeschossige Langhaus an, das in den relativ niedrigen Seitenschiffwänden jeweils durch vier Vierpassfenster mit dazwischengestellten Strebepfeilern und im Obergaden durch zwei rundbogige Fenster gegliedert wird. Neben und zwischen diesen sind noch die ursprünglichen Fensteröffnungen angedeutet, die zur Bausubstanz des ottonischen Vorgängerbaus gehörten. Relativ ungegliedert erscheint – als dritter Bauteil – der bereits vor der spätstaufischen Erweiterung ausgeführte zweigeschossige Westturm mit neuzeitlichem Knickhelm, der durchgehend rosafarben getüncht ist. Der einzige größere Bauschmuck befindet sich über dem schlichten rechteckigen Turmportal: Hier steht, in eine halbrunde Nische eingelassen und von einem Balda-

links: Totenkopf („Dotemann") neben dem Turmportal

rechts: Barocke Nischenfigur des hl. Amandus an der Westfassade

Muttergottes, um 1300

chin bekrönt, die barocke Statue des hl. Amandus, der in seiner Linken ein Modell der von ihm gegründeten Klosterkirche von Elno trägt. Ein weiteres, an einer solchen Stelle eher ungewöhnliches Schmuckdetail befindet sich links des Portals – und zwar in Gestalt eines kleinen Totenkopfes, der auf den früheren, vor allem von den Rheinschiffern verwendeten Beinamen der Rheinkasseler Kirche als „Dotemanns“ (Totemanns) Kirche anspielt. Einer Sage zufolge soll der Fluss einst an der Stelle des Kirchhügels einen toten Mann angeschwemmt haben, der ein Testament und viel Geld bei sich trug, von dem das Gotteshaus auf seinem Grab erbaut worden ist.

Während der jüngsten Restaurierungsmaßnahmen in den 1970er-Jahren wurde – analog zum Kirchenäußeren – auch der Innenraum farbig ausgestaltet, wobei man sich anhand der gefundenen Farbreste um eine möglichst getreue Wiederherstellung des Originalcharakters bemühte. So heben sich insbesondere die Gurt- und Kreuzrippen des Mittelschiffs und des in sieben Wandfelder untergliederten Chorhauptes sowie die Pfeiler, Kapitelle, Kämpfer und Zwillingssäulen der Seitenschiffarkaden durch ihre markante Farbigkeit von den weißen Wand- und Gewölbeflächen ab. Das die Chorapsis überspannende gotisierende Gewölbe wurde im 17. Jahrhundert ausgeführt, während die Seitenschiffe ihre Einwölbung erst im 19. Jahrhundert erhielten. Den Chor schmückt an der Südseite eine flache Kleeblattnische, in der zwei neugotische weibliche Reliquienbüsten aufgestellt sind (2). Ebenfalls aus dem 19. Jahrhundert stammt die qualitätvolle neuromanische Ausstattung, darunter die hölzerne Kanzel mit den Darstellungen von Christus, Petrus und Moses (4), die Seitenaltäre, die 14 Kreuzwegstationen, die Kommunionbank und die Gemeindebänke. Die historisierende Kreuzigungsgruppe (1) im Chorscheitel unter-

Spätromanische Kleeblattnische mit zwei neugotischen Reliquienbüsten

Inneres nach Osten

Barockskulpturen des hl. Amandus und des hl. Hubertus am Innenportal

halb des Rundbogenfensters wurde um 1920 angekauft. Als einziges mittelalterliches Ausstattungsstück konnte sich die um 1300 entstandene, in einer einfachen Formensprache gehaltene Muttergottes mit Kind rechts des Triumphbogens erhalten (3), die sich erst seit 1954 in der Kirche befindet. Verschiedene holzgeschnitzte Heiligenfiguren des Barock komplettieren das Ausstattungsprogramm, darunter der Erzengel Michael (5), die hll. Barbara (6) und Hubertus (8) sowie der Kirchenpatron, der rechts des rundbogigen Innenportals steht (7). Als Bischof ausgewiesen, trägt der Kirchenpatron die Mitra, das Pallium und den Bischofsstab, den er zusammen mit dem Evangelienbuch in seiner Linken hält, während seine Rechte das Modell der Rheinkasseler Kirche umfasst.

Alt St. Maternus in Rodenkirchen

links unten: Romanischer Westturm mit Vorbau des 17. Jahrhunderts

rechts unten: Ostapsis mit moderner Maternusskulptur

Wann genau die Maternuskirche in Rodenkirchen – von den Einheimischen auch liebevoll „Kapellchen“ genannt – gegründet wurde, liegt im Dunkel der Geschichte. Erstmals als „Rodenkirchhof“ im Jahre 989 urkundlich erwähnt, erhielt der südlich von Köln gelegene Fischerort im 11. Jahrhundert seine eigene Pfarrkirche, die dem Stift St. Martin unterstellt und dem hl. Maternus, dem ersten Kölner Bischof, konsekriert war. Der heute in seinem Kern noch erhaltene mittelalterliche Bau, der sich malerisch auf einem Felsvorsprung über dem Rhein erhebt, kann auf eine relativ lange Baugeschichte zurückblicken: Im 11. bzw. 12. Jahrhundert entstand zunächst ein Saal mit halbrunder Apsis und eingezogenem, gedrungen wirkendem Turm, der in seinem oberen Teil von paarweise angeordneten Rundbogenfenstern gegliedert wird und (heute) mit einem schiefergedeckten Knickhelm abschließt. Im 15. Jahrhundert erfolgte der Anbau des südlichen Seitenschiffs. Aus der gleichen Bauphase stammen auch das gotische Maßwerkfenster an der Nordwand, die über den alten Fundamenten erneuerte Apsis sowie die beiden rundbogigen Fenster, zwischen denen in einer Nische (seit 1986) eine moderne Statue des hl. Maternus steht. Im 17. Jahrhundert schließlich wurden im Süden die Sakristei und daran

seitlich anschließend die westliche Eingangshalle errichtet, die eine Zeitlang als Küsterwohnung gedient haben soll. Nach der Fertigstellung der nahegelegenen Kirche Neu St. Maternus im Jahre 1867 wurde das „Kapellchen“ mehr und mehr aufgegeben und verfiel zusehends. Eine erste Instandsetzung aus den 1920er-Jahren fiel den Bomben des Zweiten Weltkriegs zum Opfer; sein heutiges Aussehen verdankt das setzkastenartig anmutende, außen und innen in einem einheitlichen Weiß gehaltene Bauwerk einer aufwändigen Wiederaufbaumaßnahme in den 1950er-Jahren.

Die Vielzahl der äußeren Bauteile spiegelt sich gleichfalls im Inneren wider. Man betritt die Kirche von Norden durch den flachgedeckten Vorbau, in dem ein Taufbrunnen mit gotischem Taufstein und modernem Deckel steht. Durch das Turmquadrat führt der Weg ins kreuzrippengewölbte Mittelschiff mit seinen schön geschnitzten barocken Kirchenbänken, das im Osten in die halbrunde, um einige Stufen erhöhte Apsis übergeht. Die Rückwand schmücken zwei moderne Glasfenster mit Darstellungen der Heiligen Maternus und Nikolaus sowie vier kleine Holzskulpturen der Evangelisten aus dem späten 19. Jahrhundert, die ursprünglich Bestandteile der Kanzel von Neu St. Maternus waren. Der neuzeitliche Altartisch ruht auf einem alten Säulenfragment, das sich vermutlich noch vom Vorgängerbau des späten 10. Jahrhunderts erhalten hat. Die Nordwand des Hauptschiffs wird von einem kleinen Rundbogen- und einem großen Maßwerkfenster durchbrochen, auf dem der

Ansicht von Süden

Blick in Mittelschiff und Apsis; vorne links und rechts die beiden Barockskulpturen der hl. Scholastika und des hl. Johannes von Nepomuk

Barockskulptur des hl. Maternus

über das Wasser wandelnde Christus dargestellt ist. Zwei Rundbögen öffnen sich zum kreuzgratgewölbten südlichen Seitenschiff, in dem an der Außenwand eine barocke Holzskulptur des Kirchenpatrons angebracht ist, die – ebenso wie die Anna selbdritt-Gruppe und die beiden Statuen der hl. Scholastika und des hl. Johannes von Nepomuk am Eingang zum Mittelschiff – in jüngerer Zeit farblich neu gefasst wurde. Der hl. Maternus trägt auf seinem Haupt eine Mitra, während er zwei weitere Mützen auf einem Evangelienbuch in seiner Linken hält. Der Darstellungstypus der drei Mitren geht auf eine den Heiligen umrankende und in unterschiedlichen Versionen überlieferte Legende zurück, nach der sich die drei Bistümer Trier, Köln und Tongern in der Provinz Limburg um die Bestattungsrechte des im Jahre 337 Verstorbenen stritten. Schließlich forderte ein Engel die Kölner auf, den Leichnam in einen Kahn zu betten, ihn außerhalb der Stadt ungelenkt auf dem Rhein treiben zu lassen und darauf zu warten, in welche Richtung Gott ihn führen werde. Das Boot trieb nicht rheinab-, sondern rheinaufwärts! Der Leichnam wurde daraufhin in Trier bestattet, während die Kölner an der Stelle, an der sie das Boot ins Wasser gelassen hatten, eine kleine Kirche errichteten, die sie dem hl. Maternus weihten.

Gotisches Taufbecken mit modernem Deckel und Stützelement

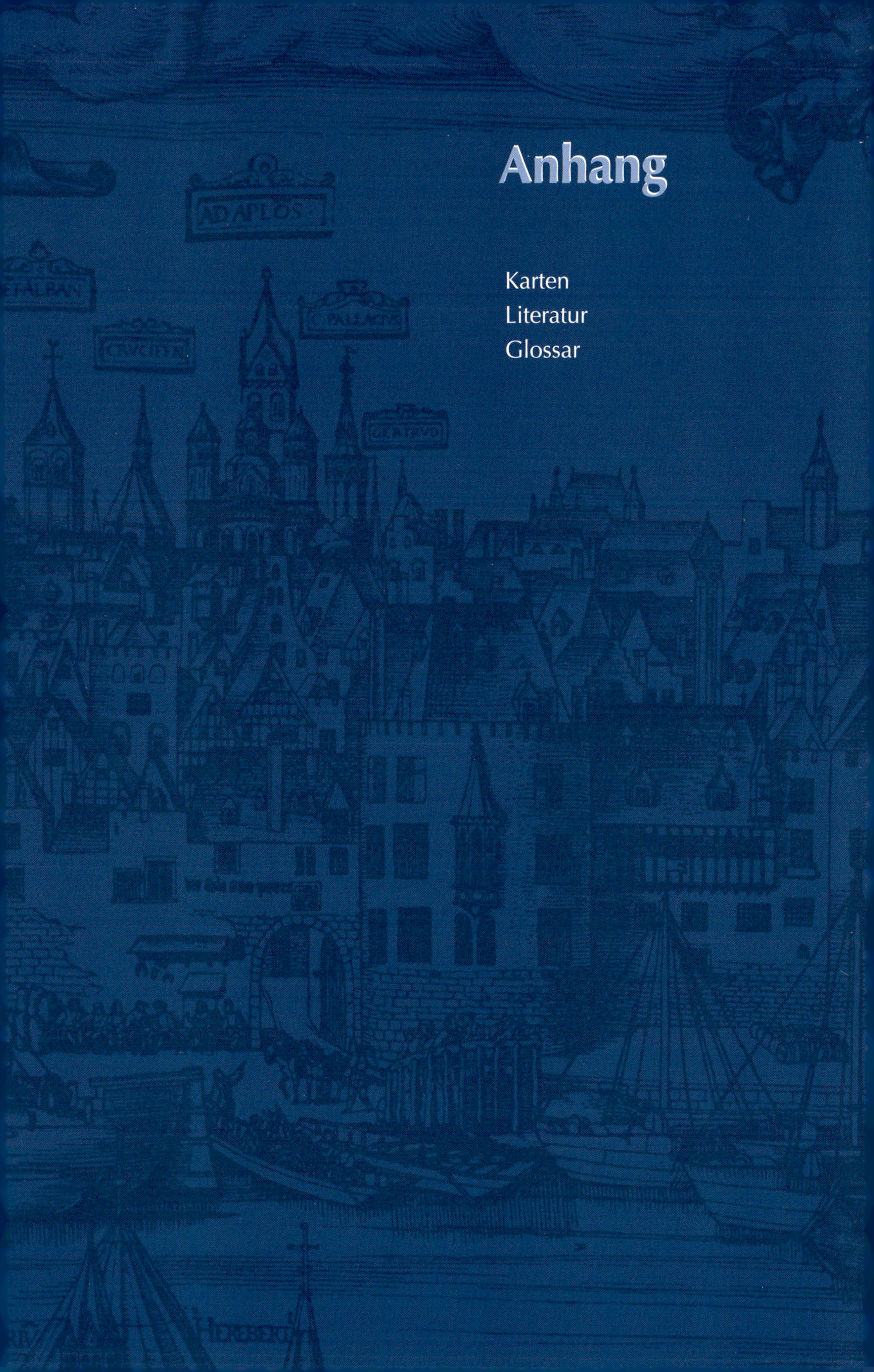

Anhang

Karten
Literatur
Glossar

Innenstadt

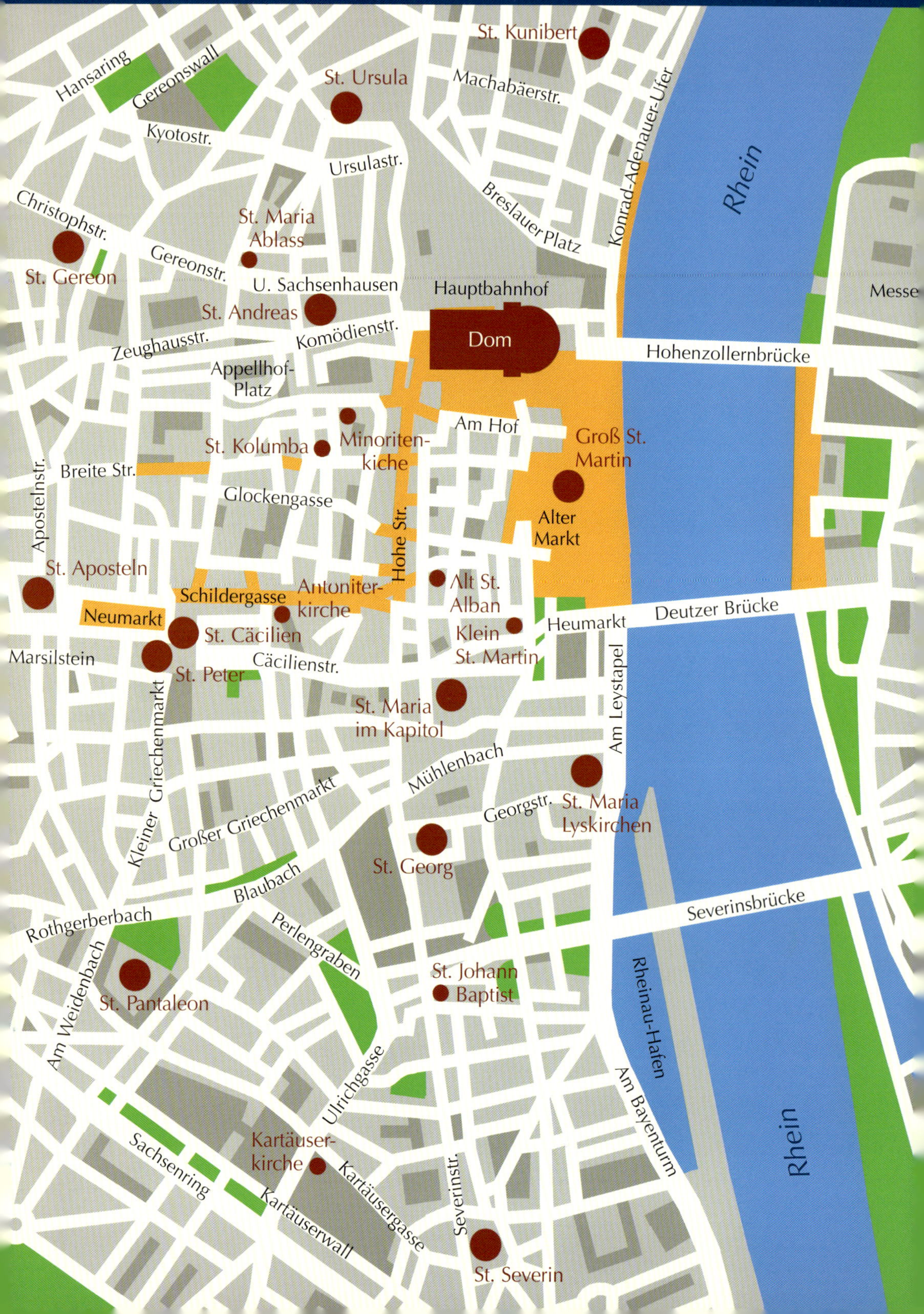

St. Kunibert
Hansaring
Gereonswall
St. Ursula
Machabäerstr.
Konrad-Adenauer-Ufer
Kyotostr.
Ursulastr.
Rhein
Breslauer Platz
Christophstr.
St. Maria
Ablass
Gereonstr.
St. Gereon
U. Sachsenhausen
Hauptbahnhof
Messe
St. Andreas
Zeughausstr.
Komödienstr.
Dom
Hohenzollernbrücke
Appellhof-
Platz
Am Hof
Groß St.
Martin
St. Kolumba
Minoriten-
kiche
Breite Str.
Glockengasse
Apostelnstr.
Hohe Str.
Alter
Markt
St. Aposteln
Alt St.
Alban
Schildergasse
Antoniter-
kirche
Neumarkt
Heumarkt
Deutzer Brücke
St. Cäcilien
Klein
St. Martin
Marsilstein
Cäcilienstr.
St. Peter
Am Leystapel
St. Maria
im Kapitol
Griechenmarkt
Mühlenbach
St. Maria
Lyskirchen
Georgstr.
Großer Griechenmarkt
Kleiner
St. Georg
Blaubach
Severinsbrücke
Rothgerberbach
Perlengraben
St. Johann
Baptist
Rheinau-Hafen
Am Weidenbach
St. Pantaleon
Ulrichgasse
Am Bayenturm
Rhein
Kartäuser-
kirche
Sachsenring
Kartäusergasse
Severinstr.
Kartäuserwall
St. Severin